中国科学技术协会重点项目成果

中国电子文件管理：问题与对策

Electronic Records
Management in China:
Problems and Solutions

冯惠玲 赵国俊 等著

电子文件 管理机制 政策框架

中国人民大学出版社
·北京·

前　言

　　文件是国家管理、组织运行、社会沟通的重要工具和真实记录，于国家于公民、于当前于长远都具有不可替代的作用和多重价值，因此文件管理就成为政府管理、企业管理、社会管理活动的必然组成部分。当今时代文件管理的最大挑战来自计算机的广泛应用和社会信息化的进程，随着电子政务、电子商务及各类电子业务的快速发展，完全不同于传统文件记录方式和传递方式的电子文件在全世界呈现出飞速增长与广泛普及之势，成为人类社会的基本记录形式、重要信息资源和法律证据，电子文件管理也随之成为信息时代的重要课题。有效管理、充分开发电子文件资源，对于国家政治、经济、文化等各项事业都具有不可或缺的作用和重要而深远的意义。

　　综观世界上信息化进程比较快的国家，20世纪90年代以来电子文件管理越来越受到重视。电子文件被视为电子政务、电子商务和其他各类电子化业务的基本工具，视为机构的重要信息资产，视为国家和社会的珍贵历史记录。这些国家大多通过制定法规、政策与标准，借助管理与技术双重手段，逐步建立了科学、有效的电子文件管理体系，从而有力地支撑了各项电子化业务的顺利开展，促进了电子文件信息资产的价值实现，推动了历史文明的保护与传承。包括电子文件在内的文件管理国际标准的陆续出台进一步推动了电子文件管理的科学化、规范化进程。

近年来，我国在电子文件管理领域做了大量的探索和推进工作，取得了长足进步。但是，由于各方面的原因，目前我们对电子文件还远未达到应有的认知和重视，尚未建立科学、高效的电子文件管理体系，数以亿计的电子文件还没有得到妥善保管，处于失控、失存、失信、失用、失密的危险状态，并可能引发多重社会风险。

意识到这一问题的严峻性和紧迫性，中国档案学会和中国人民大学信息资源管理学院于 2007 年 5 月共同向中国科学技术协会申报了"电子文件管理机制研究"课题，得到了中国科学技术协会及评审专家的充分认可，并获得重点立项与资助。

作为本课题的首席专家，我一方面欣喜于这一课题得到了中国科协专家和领导的如此关注，同时也为其研究难度和进度要求而深感压力。仅仅半年多时间，课题组全体成员经过艰辛的调查与研究，初步掌握了我国当前电子文件管理的总体状况与主要问题，在大范围追踪国外电子文件管理经验和发展趋势的基础上，对我国建立电子文件管理体系提出了若干理论观点和政策建议。2007 年 12 月，课题顺利通过验收鉴定，获得来自信息化部门、国家档案局、图书情报界等多领域专家的鼓励和认可。中国科协党组书记邓楠非常重视这一课题，亲自签署研究报告上报中央，特别令我们鼓舞的是温家宝总理对中国科协提交的这份研究报告给予了充分肯定并作出重要批示。这本书就是在课题研究成果的基础上总结、提炼、丰富而成的。

电子文件带来的挑战和难题是错综复杂的，其中牵涉全局、影响较深的是管理机制问题。所谓"机制"，可以理解为某一领域运行方式的内在结构及其相互关系，其中也会涉及一些体制、管理原则问题。建立健全科学合理的电子文件管理机制，是强化国家对电子文件信息资源的控制力、提高我国电子文件管理质量的一个关键性问题。因此，本书着眼于电子文件管理机制的研究，希望以此推动电子文件管理的全面进展。

这是一项现在时态的对策性研究，课题组的愿望是获得实质性成果，而不是翻炒概念或在既有理论圈子里打转转。循着"以问题为导向、以事实为基础、以学理为支撑、以解决实际问题为目的"的研究原则和"提出问题—分析问题—解决问题"的研究思路，本书的框架简明而直白：绪论阐明了研究背景以及资料与方法支撑，正文三章分别是找问题、析原因和提对策，我们希望以这种常用的"三段式"清楚地传达这项对策研究的思路和脉络。

在研究全过程中，我们努力在了解现状、分析问题、提出对策方面下足工夫。我们把现状调研分为国内、国外两部分，国内力求同口径、准确性和可信度，国外立足大覆盖、多来源；分析问题追求说准说透、不兜圈子、不回避难点、不含糊其辞；对策研究则注重针对性、建设性和可行性。在研究过程中我们综合运用了档案学、行政管理学、公共政策学、法学等多学科的理论与方法，希望通过多视角、全方位的研究把我们的思维带进更加广阔的天地和更为务实的取向中，从而获得一些新的认识，得出一些有价值的结论。

本书的附录部分也值得关注，那些数据和资料是研究团队花费大量精力通过多种途径获取的，为我们分析、研究问题提供了重要的依据，我想也可以成为本书读者的有益参考。

本书框架由冯惠玲、赵国俊规划和设计，内容经课题组核心成员反复研讨、论证，由徐拥军主要执笔。参加撰写的还有安小米、王健、孙森林、张璋、钱毅、张宁、章燕华、叶晗、杜雅楠等，杨红艳、陈香、纪婷婷、付子霞、赵晶、周文佳、邵博、王木亮、罗继业、许成伟、章双喜、杨臆璁、唐德文、刘炀、杨圆圆、胡芳、钟万梅、李佳佳、祝米莉、金源鑫、李输、尹美京、邬佩、宋微、赵瑞红、鞠毅美等同学参与了文献资料的收集、翻译与整理工作。全书由冯惠玲统稿、审定。

中国科学技术协会杨文志副部长、刘兴平处长、黄珏女士对本课题的研究给予了大力指导与支持，国家档案局局长杨冬权、中国档案学会理事长冯鹤旺、原中国科学院文献信息中心主任徐引篪、原中国科学技术信息研究所所长梁战平、国家信息化专家咨询委员会委员陈玉龙、国家档案局技术部主任王良城、政策法规司司长郭嗣平、科技处处长蔡学美、北京市档案局副局长姜之茂、中国化工信息中心副主任揭玉斌等专家在本课题的立项、开题、中期检查与结题验收过程中提出了许多宝贵的意见与建议，国家档案局档案馆室司司长孙钢对国内调研工作给予了大力的支持和帮助，在此一并深表感谢！

电子文件管理机制是一个深层的、复杂的问题，以我们现在的视野和知识所做的分析必然会有这样那样的欠缺，得出的结论还要在理论的深入和实践的发展中经受检验。这是一次面向实践的探索，而这种探索当然要随实践的发展而继续和深化。和我们一样行走于电子文件管理探索之旅的任何人，对于这项研究的任何关注和任何批评指正，都是我们乐于接受的。

冯惠玲

2009 年 1 月 15 日

ABSTRACT

Ⅰ. Introduction

With the rapid growth of e-government, e-commerce as well as other e-businesses, electronic records are emerging and growing rapidly. In fact, paper records are progressively giving way to electronic records which now function as the basic record form, essential information resource and necessary legal evidence. In 2006, electronic records produced by the central government agencies in China increased by 18.9% over 2005, and electronic records accounted for 72.7% of the total. However, due to the poor understanding of and practice in electronic records management, millions and millions of electronic records are being threatened by the lack of control, improper preservation, loss of credibility and confidentiality in different degrees, therefore, to establish a scientific and effective electronic records management system is the best answer to the urgent need.

Researchers have come to know the general state and the major problems of electronic records management in China, extensively traced the tendency of electronic records management overseas and proposed some theoretical ideas and suggestions on electronic records management system based on intensive study, after carrying out practical investigations in 115 government offices, enterprises and archives at different levels, and undertaking literature research on organizations in 16 foreign countries (or districts) and on UNESCO, International Council on Archives, International Organization for Standardization and other international organizations.

II . Problems

Investigation shows that many problems exist in the field of electronic records management in China as follows:

1. Lack of management threatens the country's control over information resources.

From a micro perspective, most organizations haven't established their electronic records management systems, in which no personnel are specially appointed for electronic records management; and from a macro perspective, most archives haven't enlisted the receiving of electronic records in their agenda. Up to now, the state hasn't put electronic records under centralized management and preservation, or made effective monitoring and standard control over electronic records management.

2. Loss of electronic records endangers the continuity of the country's history and the nation's memory.

According to the investigation, 42. 2 percent of electronic documents haven't been kept in any form; 74. 4 percent of organizations haven't taken any measures to preserve such electronic records as database, e-mails, multimedia records and web pages; and what's even worse, some preserved electronic records are unreadable due to improper management.

3. Lack of efficacy of evidence threatens the legitimacy of all activities.

About 73. 6 percent of the organizations under investigation admitted that the electronic records they have produced cannot independently bring into play the efficacy of the evidences.

4. The issue of insecurity challenges the safety and interests of the Party and the country.

Many examples show that due to the lack of mature electronic records management measures, there is a severe leakage of secret of electronic records in China.

5. The low-level development and application weakens the service function of governments. Because the electronic records under effective control and management are of small quantity and poor quality, and no reasonable policies on development are there to be depended on, there is still a long way to go for China in the development and application of electronic records to catch up with the countries advanced in information, either in depth or magnitude.

Ⅲ. Causes

1. Cognitive factor: obsolete concepts and ideas

China's backward electronic records management is mainly caused by the poor understanding on electronic records management, which can be specifically described as the following:

(1)Lack of the sense of evidence

Many departments and staff are not aware that records, as the original documentation of activities, are important legal evidence; and they don't regard electronic records as formal records, nor do they recognize the evidence efficacy of electronic records.

(2)Lack of the sense of property

A large majority of organizations and individuals haven't realized that electronic records are information resource that cannot be regenerated and valuable information property and knowledge property of an institution, or even a country.

(3)Lack of the sense of risk

Electronic records are faced with multiple risks due to the complexity and fragility in technology. However, a great number of organizations and staff are basically not risk -conscious.

(4)Lack of the sense of profit

According to the investigation, 77. 6 percent of institutions completely or partly adopt a "dual-track system", and 89. 9 percent adopt a "dual-set system". The excessive dependency on "dual-track system" or "dual-set system" shows that many de-

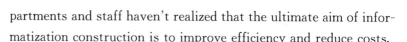
partments and staff haven't realized that the ultimate aim of informatization construction is to improve efficiency and reduce costs.

2. System factor: segmental management and decentralized management

(1)Segmental management

At present, in China, the whole process of electronic records management is divided into file processing in the early stage and records management in the latter stage. The two stages are not integrated into a whole, and are not well-coordinated. The segmental management vertically breaks up the whole process of records management.

(2)Decentralized management

At an institution, administrative records and business records, paper records and electronic records are scattered in archives department, information department or business segments, making the management disordered. The fact is that a great majority of achieves departments have not systematically accepted electronic record archival management and electronic records are scattered and preserved in their producing organizations or individuals. The decentralized management horizontally breaks up the integral subject of records management.

3. Management factor: lack of coordination and communication

(1)Lack of coordination between different departments

In China, comprehensive offices of the Communist Party Committee, comprehensive offices of government, archives departments and information departments are co-existing in charge of records management, making it difficult to establish and implement a unified strategy and management system for electronic records management.

(2) Lack of consistence between different laws and regulations

The basic terms in the regulations and standards are not unified. The standards of records management between Party committees and governments are not coordinated. There are also conflicts between local standards and national standards. All the differences and conflicts greatly impact the integrity, sharing and integration of electronic records resources, which acts as the main cause of the confusion and out of control of electronic records management.

(3)Lack of compatibility between programs and systems

From the perspective of the country, we have no top-level overall design or planning from top to bottom. Horizontally, the local agencies launch their own electronic records programs regardless of the locations, modes, functions, standards, techniques and approaches of the others. Thus the "isolated information island" emerges one by one. Vertically, every industry establishes its own management system from top to bottom which is isolated and independent from the others, and produces many isolated "information chimneys".

4. The Legal factor: undeveloped laws and lack of regulations

(1)Undeveloped Laws

In China, no specific laws or regulations applicable to electronic records management haven been established yet. *Signature laws in People's Republic of China is mainly targeted at e-business, without covering e-government. The Regulation of the People's Republic of China on the Disclosure of Government Information* does not deal with the issue of information disclosure of public departments like the Party Affairs Committee, (China) National People's Congress, Chinese People's Political Consultative Committee, and only belongs to the State Council department regulations.

(2)Undeveloped standard establishment

Only 5 national standards or industry standards have been launched in China. Many metadata standards established or being in progress are neither scientific nor specialized, and cannot ensure the authenticity, reliability, integrity and practicality of electronic records.

(3)Lack of supervision system

In China, electronic records management system hasn't been tested, and neither the electronic records management responsibility system nor the property auditing system for electronic records hasn't been established.

5. The Supporting factor: weak in research and short age of professionals

(1)The backward theoretical research and technical development. The research in electronic records management in China, with quite a few strong research teams, started late from a rather low level, to which experts in Science of Law, information technology, administrative management, business administration have not attached enough attention. The technical storage for electronic records management is also undeveloped.

(2)Shortage of professionals

As the main force of electronic records management, there are few top full-time archivists. Most of the full-time archivists are of low-level expertise and few have acquired the management techniques through systematic learning.

IV. Countermeasures

In order to improve the level and quality of electronic records management, the electronic records management system should be established centered by system construction, based on our specific situations, in light of the features, movement rules and special risks of electronic records, by introducing the advanced experience of other countries. The electronic records management system with Chinese characteristics is composed of value layer, operation layer and guarantee layer. Specifically, the value layer mainly refers to correct consciousness of electronic records; operation layer includes "bring-in" system, centralized management principle, cooperative system, cooperation and sharing mechanism, and so forth; and guarantee layer consists of supervision and audit, regulations and standards, theoretical research and technical development, and professional training.

The electronic records management system in China is an organic whole. It is focused on the authenticity, reliability, integrity and usability of electronic records, and is aimed at realizing the efficacy of electronic records, with updating ideas as the premise," bring-in" mechanism as the core, centralized management as the cornerstone, cooperation and coordination between departments as the condition, program establishment and sharing as the breakthrough, supervision and audit as the guarantee, rules and standards as the basis, theoretical research, technical development and professional training as the support to pursue a scientific, specialized and standardized way of managing electronic records.

1. To update thoughts and ideas

Increasing awareness, updating thoughts, and establishing correct understanding of electronic records are important premises to the development of electronic records management in China. We should have a correct understanding that the rise of electronic records is a historical choice. And we should build up the confidence on electronic records and the management, overcome the excessive dependence on "dual-track system" and "dual-set system". Moreover, leaders should take the lead in the above efforts.

2. To build a "bring-in" system

We should bring electronic records management into the strategic framework of informization construction so as to facilitate the interaction and coordination between electronic records management and informization progress, uplift the level of electronic records management and achieve the great-leap-forward development.

We should bring electronic records management into the activity system, which includes but not limited to e-government and e-business, through legislation and post duty system, to ensure the evidence efficacy of electronic records.

We should bring electronic records into the development system of information resource and bring the risks of electronic records into the framework of risk management.

3. Strengthen the principle of centralized management

(1) The electronic records management should be monitored by archival departments for the whole process.

We suggest that archives bureaus should be renamed Records and Archives Bureaus, while *the Archives Law of the People's Republic of China* and other relevant regulations should be revised, clearly defining the document management and front-end control authority of archive departments.

(2) A national electronic records resource system should be built in China.

A National Electronic Records Center shall be established as soon as possible to receive and preserve the electronic records of central and national agencies. A nationwide resource system and service network should be built to connect electronic records centers of all kinds at all levels, with National Electronic Records Center as its model, center and hinge.

4. To enhance the cooperation and coordination mechanism

(1) The relationships between responsibility distribution and coordination among departments should be straightened out.

The responsibility on document management of archives departments, information departments or performance management departments at all levels should be clearly defined, and their cooperation shall also be well specified.

(2) An interdepartmental coordination department should be established like "National Electronic Records Management Coordination Committee" as the top coordination organization.

(3) The system of joint conference shall be established to coordinate the unconventional and significant electronic records management programs which may involve several departments.

5. To improve the system of "co-establishment and sharing"

In order to avoid the phenomenon of "Isolated Information Island" or "Isolated Information Chimney", we should set up a system of "co-establishment and sharing". National Archives should establish management strategies and macro plans to arrange the electronic records programs; introduce RMP of USA and cooperate among departments; adopt the way of "public sponsoring"; and facilitate the sharing of research results and practical experience.

6. To set up a supervision and audit mechanism

We should certify the management function of electronic records in information system, establish and improve the supervision and audit mechanism, apply the performance examination to electronic records management and implement the property audit of electronic records.

7. To speed up the formulation of regulations and standards

(1) We shall push forward the legislation. A better *Documents Act of People's Republic of China* shall be launched.

(2) We shall promote the progress of standardization. A scientific standardization system for electronic records management shall be set up as soon as possible to address the standard issue in the field of document management in China. Currently a *Guide to Electronic Records* shall be edited to provide guidance and standard for the policies of electronic records management. International standards shall be introduced in an active manner and the publication and implementation of standards shall also be strengthened.

8. To improve technical research and professional training

(1) We shall put emphasis on theoretical research and technical development.

Relevant authorities should make plans for long-term research subjects of electronic records management on the basis of practical needs; jointly establish and sponsor the research participated by many institutions and experts to solve the key theoretical and technical problems; and should study and develop the China-made, high-quality software applicable to electronic records management.

(2) We shall attach importance to building a contingent of

professionals.

The electronic records management training for all staff shall be initiated, meanwhile the professional certification for electronic records management shall be set up, and the training contents and teaching approaches shall also be updated in time.

目　录

CONTENTS

第 1 章

绪　论

1.1　研究背景

1.1.1　电子文件迅速增长与普及

1946 年，世界上第一台电子计算机在美国诞生，电子文件开始步入人类社会。20 世纪 80 年代以来，随着信息技术的飞速发展、信息化进程的不断加快，电子文件以其史无前例的庞大数量、繁多种类，极大的便利性、经济性，以及它们对社会生活的真切反映和普遍联系所成就的内在质量，广泛而深刻地影响并改变着人类社会生活的几乎所有领域。

基本术语

电子文件（electronic records）

文件是指"机构或个人在履行其法定义务或业务事务活动过程中形成、收到并保管的作为证据及信息的记录"。（ISO 15489：2001《信息与文献——文件管理》）

GB/T 18894 - 2002《电子文件归档与管理规范》将电子文件定义为"在数字设备及环境中生成，以数码形式存储于磁带、磁盘、光盘等载体，依赖计算机等数字设备阅读、处理，并可在通信网络上传送的文件"。

本书中，电子文件是指各类机构在电子政务、电子商务及其他各类电子化业务中形成的信息记录。

美国从 20 世纪 90 年代起，政府电子文件的数量就十倍、百倍地增加。在克林顿政府时期，白宫工作人员开始使用多个电子文件管理系统，产生的电子文件有总统备忘录、文件和日记以及上百万份的电子邮件，国务院也有多达几千万条以电子形式存在的外交信息。而布什政府产生的电子邮件可能达到克林顿政府的三倍。[1]

美国国家档案馆自 1968 年开始接收美国联邦政府机构形成的具有长期保存价值的电子文件。2001 年该馆专家估计，到 2009 年馆藏电子文件数量将达到 10 亿卷（files），如图 1—1 所示。事实上，截至 2007 年，美国国家档案馆已经保存了包括国会、法院、总统办公室、总统委员会和将近 100 个办公署、部

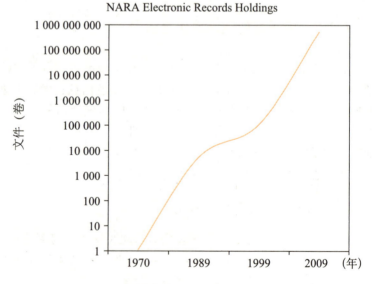

图 1—1　美国国家档案馆馆藏电子文件数量增长图[2]

①　参见齐丽华等：《美国档案工作印象》，载《档案与建设》，2005（9）。

②　"In contrast, the permanent electronic records at NARA total nearly 10 billion electronic records." http：// aad. archives. gov/aad/help/getting-started-guide. html ，2007-11-24.

门、分支机构及其承包商的将近 100 亿份电子文件（records）。①
目前，美国、英国、日本等国已经基本实现了无纸化办公，开
始全面迈向电子文件时代。

我国虽然信息化建设起步较晚，但电子文件数量增长速度
也十分惊人。据国家档案局 2006 年的调查，中央和国家机关、
中央企业已有 80％的单位采用了办公自动化或电子政务系统，
已产生各类电子文件近 2 亿件。② 另据统计，截至 2006 年 5 月，
我国仅通过书生电子公文传输系统发送的电子公文数量平均每
个工作日就超过 1.8 万份，累计发送的电子公文数量超过 1 500
万份。③

背景知识

罗马教皇的文件数量增长

在造纸技术传入欧洲之前，1243—1254 年，罗马教皇每
年平均产生文件 703 件。1276 年造纸术传入意大利。1294—
1303 年，罗马教皇每年平均产生文件 50 000 件，前后相较，
增加 70 多倍。这充分反映了纸张的出现，使书写由难变易，
从而导致文件数量的急剧增加。

资料来源：韩玉梅，黄霄羽：《外国档案管理》，76～77 页，北京，
中国人民大学出版社，1998。

根据课题组的抽样调查，2006 年我国中央和国家机关及其
直属企事业单位生成的电子文件数量比 2005 年增长了 18.9％，
电子文件数量占文件总数的 72.7％。49％的受访单位生成的电
子文件数量占文件总数的 50％以上，14.3％的受访单位生成的
文件全部为电子文件。48％的受访单位认为未来 5 年，50％以
上的文件将以电子文件的形式存在。

2007 年 4 月，四川省政府办公厅发布了《关于全省政府系

---

① See Susan R. Cummings, *Records Management：Management Now and in the Future*，2001，
http：// www. cendi. gov/presentations/cummings _ pki _ 05-13-01. ppt，2007-11-24.

② 参见杨冬权：《贯彻王刚同志重要批示精神，以建设电子文件中心为突破口，全面建立有中国特
色的电子文件管理体系——在全国电子文件中心建设经验交流会上的讲话》，http：//jda. cq. gov. cu/tem-
plet/default/ShowArticle. jsp? id＝5277，2007-04-27。

③ 参见高赛：《电子公文运行十年，电子政务迈向更高层》，转引自 http：//industry. ccidnet. com/
art/884/20060519/557163 _ 1. html，2007-12-23。

统公文无纸化传输平台运行和管理有关事宜的通知》（川办函
[2007] 118号），要求自2007年7月1日起，全省政府系统公
文收发全面取消无密级纸质文件收发，实行电子文件传输。[①]
2007年8月，上海市政府规定：从当年10月1日起普遍下发电
子公文，纸质公文各部门原则上只下发1至2份，简报、会议
通知只发电子版本。[②]

从电子文件的种类来看，按其信息存在形式可分为文本文
件（text）、数据文件（data）、数据库文件（database）、图形文
件（graphic）、图像文件（image）、视频文件（video）、音频文
件（audio）、程序文件（program）、多媒体文件（multimedia）、
超文本文件（hypertext）、网页文件（web page）、电子邮件
（E-mail）等；而每一类型的电子文件还有众多不同的格式。从
电子文件的应用范围来看，当前无论是政府部门、商业机构、
事业单位、社会团体，还是普通个人，无不大量生成电子文件；
在政治、经济、科技、教育、文化、体育、军事等社会生活的
各个领域，都日益离不开电子文件。

综观世界各国，电子文件飞速发展与广泛普及已是不争的
事实，电子文件逐步取代并超越纸质文件将是必然趋势。

1.1.2 电子文件带来巨大冲击

远古时期，人们通过口耳相授，留传认识与改造自然的经
验；借助结绳刻契，记录社会活动的情况，使人类文明得以延
续。但是，口耳相授容易失真、结绳刻契极不准确，因而人类
处于"非信史"时代。近古时期，人们创造文字、使用文件，
用以记录事务、传递信息，人类社会真正进入文明时代。

纸张使用之前，在我国，文字多记载于龟甲、兽骨、青铜
器、石材、简牍、缣帛等书写材料之上；在外国，人们使用石
材、泥板、纸草纸、羊皮纸、金属、蜡板、棕榈树叶、桦树皮
等作为文件载体。造纸技术发明与传播之后，纸张迅速取代各

---

① 参见《无纸化推行，四川距电子办公时代有多远?》，http：//www.sc.gov.cn/jrsc/200707/t
20070706_190454.shtml，2007-12-18。

② 参见《上海：电子政务搭起网上"行政事务受理大厅"》，http：//www.sh.xinhuanet.com/2007-
08/07/content_10783090.htm，2007-12-18。

种原始材料，实现了记录方式的空前统一。纸张的发明与推广是人类历史上记录方式的第一次变革，它极大地促进了人类文明的发展与传播，将人类社会带入"纸质文件"与"纸质文明"时代。

数码照片易修改

目前数码相机有三种存储格式：RAW、TIFF 和 JPEG。JPEG 是目前几乎所有的数码相机都采用的照片格式，它可以支持 16M 种颜色，能够很好地再现全彩色图像。由于几乎所有的图像浏览和编辑软件都可以打开它，因此这种格式的图片文件极易被修改，使用 Windows 操作系统中自带的"画图"工具，只需轻点几下鼠标，就可以实现对 JPEG 图片内容的编辑、剪切；如果使用强大的 Photoshop 软件，则可以把 JPEG 图片改得面目全非。至于 RAW、TIFF 两种格式，Photoshop 等图像编辑软件也很容易就可以对其图像内容进行修改。对数码照片的增、删、改不仅十分容易，而且一般情况下也难以看出痕迹。

资料来源：春风秋水：《数码照片档案，剪不断理还乱》，http://www.daxtx.cn/bbs/viewthread.php? tid＝198&highlight 数码照片，2008-03-01。

当前，电子文件正迅速取代纸质文件，引发了人类历史上记录方式的第二次变革。这次变革的影响程度远远超过了第一次变革。纸质文件取代以甲骨、简牍、兽皮、树叶等原始材料作为载体的文件，是以文字固化于一种载体的文件取代另一种载体的文件；而电子文件取代纸质文件，则是以数字代码记录信息的文件取代了文字固化于特定载体的文件。纸质文件以及此前各种形态的文件看得见、摸得着；用数字代码记录信息的电子文件不但无法触摸，而且还须借助计算机系统才能处理和阅读。纸质文件是稳定的（stable）、永久的（permanent）、静态的（static）、不活跃的（inactive）、固定的（fixed）、严格的（rigid），电子文件是不稳定的（unstable）、非永久的（impermanent）、动态的（dynamic）、活跃的（active）、交互式的（interactive)、流动的（fluid）、可变的（transformable）。[①] 因而，传统纸质文件的管理理念、模式、制度、技术、方法根本无法管理电子文件。

背景知识

电子文件的质量要求

电子文件的质量应该满足文件的真实性、可靠性、完整性和可用性的要求。真实性有以下三重含义：文件与其用意相符；文件的形成和发送与其既定的形成者和发送者相吻合；文件的形成或发送与其既定时间一致。可靠性是指文件的内容可信，可以充分、准确地反映其所证明的事务活动或事实，在后续的事务或活动过程中可以以其为依据。完整性是指文件是齐全的，并且未加改动。可用性是指文件可以查找、检索、呈现或理解。（ISO 15489：2001《信息与文献——文件管理》）

文件作为记录事务、传递信息的基本工具，是一个机构或国家重要的历史记录、核心的信息资源和主要的法律证据。电子文件取代纸质文件，不仅是一次记录方式的大变革，而且极大地冲击着数字时代国家历史与社会记忆的延续性，影响着信息社会国家的资源控制能力，改变着现代组织的业务活动模式。因此，有效的电子文件管理对于推动社会进步、国家发展和组织成长具有重要的意义，如何科学地管理电子文件，成为我们无法回避、必须应对的巨大挑战。

1.1.3 我国电子文件管理体系亟待建立

基本术语

文件管理（records management）

文件管理是指"对文件的形成、接收、保管、利用和处置进行高效、系统控制的管理领域，包括以文件的形成捕获并保存业务活动及事务证据和信息的过程"。（ISO 15489：2001《信息与文献——文件管理》）

---

① 参见冯惠玲：《认识电子文件》，载《档案学通讯》，1998（1）。

面对电子文件的涌现与冲击，我国相关领域已经或正在采取积极行动。早在1996年，国家档案局就成立了电子文件管理领导小组和研究小组，开展相关的理论研究和经验推广工作，取得了重要的进展。1997年冯惠玲教授博士学位论文《拥有新记忆——电子文件管理研究》和1999年国家档案局主持编写的《电子文件归档与电子档案管理概论》开启了电子文件管理的系统研究，中国档案学界进入了电子文件管理研究的新领域。1999年，《CAD电子文件光盘存储、归档与档案管理要求》(GB/T17678-1999)出台，开启了电子文件管理的标准化进程。2003年9月，国家档案局颁布的第6号令《电子公文归档管理暂行办法》的实施，推动了政府机关电子文件管理工作。2004年8月，第十届全国人民代表大会常务委员会第十一次会议通过了《中华人民共和国电子签名法》，确认了部分电子文件的法律效力。

2007年1月，时任中共中央办公厅主任的王刚同志在冯惠玲教授领导的课题组提交的《关于全面制定和实施我国电子文件管理国家战略的若干思考》建议报告上作出重要批示："随着信息化的深入发展，电子文件在党和政府的工作中得到广泛应用，电子文件的长久保存、集中管理和有效利用正成为国家档案工作的重要组成部分。近年来，我国档案部门对电子文件的归档管理工作进行了积极探索，取得了明显成效，积累了宝贵经验。面对新形势新任务，国家档案局要商有关部门深入研究，全面规划，积极推动电子文件管理规范化、法制化进程，努力建立有中国特色的电子文件管理体系，更好地为党和人民的事业服务。"

2007年4月，全国电子文件中心建设经验交流会在江苏、安徽两地召开。与此同时，安徽、江苏、山东等20多个省市档案局（馆）开始筹建地方性电子文件中心，掀起新的电子文件管理实践高潮。

背景知识

2007年全国电子文件中心建设经验交流会

会上，代表们实地考察了江苏常州市、张家港市、江阴市和安徽省、合肥市电子文件中心建设的情况，听取了天津、上海、江苏、安徽、山东、广东、四川、陕西8个省市档案部门开展电子文件中心建设和电子文件管理工作的经验和做法，并就电子文件管理工作进行了深入的交流，对电子文件中心建设工作有了更加直观的、感性的认识。大家一致认为，这次会议通过学批示、听汇报、看实例，明确了一个方向，那就是建立有中国特色的电子文件管理体系；找到了一种形式，那就是建设电子文件中心；营造了一种气氛，那就是必须尽快地开始行动来确保电子文件的长久保存、集中管理和有效利用；推出了一批典型，使大家看到电子文件中心应建成什么样以及应该怎么搞。这次会议开得非常成功，达到了加深理解、统一认识、明确方向、坚定信心的目的，对于加快推进全国电子文件中心建设和电子文件管理体系建立必将起到积极的推动作用。

资料来源：杨冬权：《贯彻王刚同志重要批示精神，以建设电子文件中心为突破口，全面建立有中国特色的电子文件管理体系——在全国电子文件中心建设经验交流会上的讲话》，2007-04-27。

但是，从整体上看，我国电子文件管理的认识与实践水平都比较低。人们还没有清楚地意识到电子文件带来的全新挑战，没有充分认识到管理电子文件的重要性，没有深入理解电子文件管理的基本原则与要求。从微观来看，许多单位没有把电子文件管理放到应有的位置上，或者没有采用正确、合理的措施管理电子文件，大量电子文件失存、失信、失用，导致机构的业务活动失去法律凭证与信息支撑，造成社会组织的信息资产流失。从宏观来看，我国尚未建立起科学、有效的电子文件管理体系，相当数量的电子文件处于失控状态，使国家历史、民族记忆面临断层与割裂的危险，造成国家信息资源控制力的缺失。尤其是在当前这一波电子文件管理项目建设热潮中，由于缺乏国家层面的宏观规划、有效协调、科学指导，许多电子文件管理项目定位不清、功能不明、低水平重复、缺乏共建共享，在项目质量、效率和效益上都存在不少问题。

从世界范围看，自 20 世纪 90 年代以来，电子文件管理正经历一场重大的战略转型，主要表现为从机构层面向国家层面、从分散式管理向集中式管理模式、从环节式分段管理向无缝式流程管理的转变。这一战略转型，有力地推动了各国信息化进程，大大提升了国家对电子文件信息资源的控制能力、管理水平和公众利用文件的方便程度。

为提高我国电子文件管理水平，把握新一轮国际竞争趋势，我国必须尽快构建科学、有效的电子文件管理体系，而科学合理的管理机制则是确保这一体系生成和运转的关键。

1.2　难点把脉

电子文件带给管理者的挑战纵横交错，十分复杂，我们的研究工作也充满周折，这倒促使我们开始认真思考问题的难点究竟在哪里。经过反复讨论，我们感到至少以下几个方面的困难是必须面对的。

第一，电子文件管理是一个管理与技术交错的问题。例如，电子文件要达到的两个核心目标：真实可靠性与长期可读性，在管理上和技术上都有许多难点尚未攻克，相应的体系设计也是一个难度极大的问题。电子文件管理也处在一个纸质时代遗留问题与数字时代新生问题的重叠地带，纸质时代我国文件与档案管理存在的诸多问题"遗传"到电子文件管理之中并增加了其难度。电子文件管理还是一个学理性与操作性并重的问题，缺乏深厚的理论知识或丰富的实践经验，人们都难以在电子文件管理领域中获得真知，掌握规律。

第二，电子文件管理与政治体制、国家制度、组织形式、业务模式等关系十分密切，深受其影响，而政治体制、国家制度、组织形式、业务模式等又非本课题所能深究。尤其是一些不利于电子文件管理的传统体制、机制的变革设计难度更大。

第三，国内对电子文件管理的研究只有十余年的历史，理论和实践基础都有待积累，在学界与实践部门中有很多基本问题尚未达成共识，目前学理研究尚未深入，实践中的做法则是五花八门。值得指出的是，目前我国电子文件管理还没有引起档案界之外的其他各界人士和其他学科的充分关注，而事实上电子文件管理存在于广泛的社会活动中，需要多学科知识的支撑，电子文件管理机制涉及的许多问题也是从最基础的概念、原理、方法综合入手的，需要以社会各界比较广泛的理解和共识为基础。

第四，数据、案例的获取非常困难。一是由于种种原因，受访单位不愿意向研究人员透露其电子文件管理中出现的问题及其造成的不良后果；二是受访人员由于对电子文件管理的理解偏差而无法准确回答有关问题，致使对同一问题的答案具有不同的含义，可信度不太理想。课题组经过两轮问卷调查，通过比较复杂的关联分析才获得了一些相对客观可信的数据。

这四个方面的难题交织在一起，使电子文件管理机制的研究必须面对复杂严峻的挑战。

1.3　资料与方法支撑

1.3.1　实践调查

实践调查主要面向国内。研究团队对国内 55 家中央和国家机关及其直属企事业单位，35 家省级或副省级城市的综合档案馆进行了两轮抽样问卷调查；对 30 家党政机关、企事业单位、专业软件公司开展了深度访问与实地调研。

主要调研内容包括：

（1）中央、地方、专业系统各单位电子文件的生成和管理情况；

（2）中央、地方、专业系统电子文件管理标准的制定和实施情况；

（3）中央、地方政府（档案馆）对所属单位电子文件管理的监督、控制情况；

（4）电子文件管理和电子政务、电子商务等信息化建设的关系状况。

通过实践调查，初步摸清了当前我国电子文件管理的基本状况，尤其是各方面存在的问题及其造成的后果，为构建我国电子文件管理体系提供了依据。

1.3.2　文献调研

文献调研主要面向国外。研究团队对美国、英国、澳大利亚、新西兰、瑞典、德国、荷兰、丹麦、挪威、芬兰、法国、加拿大、新加坡、日本、韩国和欧盟 16 个国家和地区，以及联合国教科文组织、国际档案理事会、国际标准化组织等国际组织的文件管理实践、研究情况与最新成果进行了文献调研。查阅、翻译、分析国外（国际）与电子文件管理有关的法规 201 部、政策 174 项、标准 166 个。

主要调研内容包括：

（1）国外电子文件管理的体制与模式；

（2）国外电子文件管理标准体系框架以及有关标准的制定与推广；

（3）国外（国际）电子文件管理的法规体系、政策框架以及有关法规、政策的推广与完善；

（4）国外电子文件管理与电子政府、电子商务等信息化建设的关系状况。

通过文献调研，比较广泛地了解了国外（国际）电子文件管理的做法、经验与发展趋势，为我国电子文件管理体系的构建提供了有益的借鉴。

1.3.3　案例分析

在实践调查与文献调研的基础上，研究团队认真分析、深入挖掘，整理出与电子文件管理有关的翔实、鲜活的案例 110 个，形成了一个初具规模的电子文件管理案例库。在研究过程中，选取了其中最具代表性的一些案例，作为反映问题、剖析原因、制定对策的重要例证。

1.3.4　比较分析

通过中外比较，我们借鉴和参考国外电子文件管理的先进经验，提出了构建我国国家电子文件科学管理体系的思路和框架。

通过对电子文件管理与传统纸质文件管理的比较，我们努力发现电子文件管理的特殊需求，探寻电子文件管理的最佳途径。

1.3.5 系统分析

由于电子文件管理环境的复杂性，我们深入研究了社会、经济、技术等因素对文件管理的影响，全面分析了我国电子文件管理体系的要素、结构、功能及其运行与保障。

1.3.6 政策分析与政策构建

考虑到电子文件管理的专业性以及管理机制创新成本，我们以"政策学习"范式作为政策设计的基本思路，运用政策分析和政策构建的理论和技术，提出了我国构建科学、有效的电子文件管理体系的政策建议。在研究过程中，我们从政府、企业文件形成和管理的实际情况，以及国家长久保管和利用电子文件的需求出发，尽可能详尽周全地梳理出电子文件管理体系的关键要素，对我国和信息化先进国家电子文件管理战略层和策略层的情况进行了比较分析，探取其他国家可资借鉴的经验，在政策构建方面提出了较为具体翔实的设想。

第 2 章

问　题

面对电子文件的巨大挑战，我国各方积极探索，不断获得新的认识和实践进展。但是，这个人类记录历史上前所未有的巨大变迁交给我们的是一个时代的难题，而且这个变迁来得太快，常常在我们尚未反应过来时新的问题又产生了。正视问题，准确地判断问题是有效应对的前提，不管这些问题有多么复杂，多么棘手。经过大量的调查分析，我们不得不承认，当前我国数以亿计的电子文件不同程度地处于失控、失存、失信、失用、失密的状态之中，亟须引起政府和社会各方面的高度重视，并采取有效措施。

2.1　管理失控，危害国家对信息资源的控制能力

基本术语

信息资源（information resource/information resources）

"对信息资源有两种理解。一种是狭义的理解，即仅指信息内容本身。另一种是广义的理解，指的是除信息内容本身外，还包括与其紧密相连的信息设备、信息人员、信息系统、信息网络等"（乌家培，1996）。美国一般采用广义的含义，我国现在倾向于采用狭义的含义，如《信息资源开发利用基本理论研究报告》中将信息资源定义为："是指人类活动各个领域产生的有使用价值的信息内容集合。"

电子文件是机构的核心信息资源。一般认为，国家信息资源的 80％掌握在政府手中，而政府手中的信息资源绝大多数是以文件方式存在的。美国情报学专家伊恩·戈登指出，企业所需信息资源的 80％来自于企业内部，其中绝大部分又主要来自于文件。① 美国德尔菲（Delphi）集团的一项调查表明，当前机构所获取的知识资源大约 46％以文件的形式存在。② 整个社会信息资源体系是各个机构信息资源的总和。在电子政务、电子商务的快速普及中，电子文件已经成为文件的主体形式，因而，电子文件便成为现代社会信息资源的重要组成部分。

背景知识

信息资源综合贡献力

　　指信息资源能在政治、经济、社会、科技、文化诸多领域发挥作用力。主要表现为：国家利益的捍卫力、经济发展的拉动力、社会进步的保障力、科技创新和文化繁荣的促进力。这些作用力之间具有并存、融合、叠加的关系。在并存、融合和叠加的相互关系中，信息资源的作用可以形成一种合力，即对于国家经济社会发展的"综合贡献力"。这种综合贡献力在社会发展进程中是不可缺少的，也是其他资源不可替代的。

资料来源：冯惠玲：《档案信息资源在国家经济社会发展中的综合贡献力》，2005 中国信息资源管理论坛报告，2005-05-30（未公开出版）。

　　当今社会，信息资源作为生产要素、无形资产和社会财富，与能源、材料资源同等重要，在经济社会资源结构中具有不可替代的地位，已成为经济全球化背景下国际竞争的重点。早在1999 年，著名综合国力理论研究学者黄硕风就指出："信息力是综合国力的主力。"他说："信息力，是指信息作为一种知识和能量对国家或某领域起着生存与发展催化作用的能力。信息力和经济力、科技力、国防力、资源力等一样都是综合国力的构成分力。但由于信息力渗透于各个分力之中，对各分力起到倍增器的作用，因而是综合国力的主力。"③ 2005 年，中国人民大学冯惠玲教授提出"信息资源综合贡献力"之说。她认为，信

---

① 参见彭明彧：《试论建立企业情报档案》，载《北京档案》，2004（1）。
② 参见田晨，毕小青：《知识视角下的企业档案管理》，载《档案学通讯》，2001（1）。
③ 黄硕风：《综合国力新论：兼论新中国综合国力》，北京，社会科学出版社，1999。

息资源能在政治、经济、社会、科技、文化诸多领域发挥作用力，对国家经济社会发展具有"不可替代的、全方位的、综合性的价值与作用"。① 现实中，全面提高国家对信息资源的控制能力，已经成为西方发达国家提高综合国力、国家核心竞争力的重要选择，从这一选择出发，许多国家大力强化了各机构乃至国家层面对电子文件的控制能力。

　　但是，当前我国电子文件管理失控状况十分严重。从微观来看，大多数单位没有制定电子文件管理规章制度，没有专人负责电子文件的收集、归档与保存，电子文件处于自生自灭的状态。大量电子公文被暂存于文件起草者的计算机硬盘中，其中不少文件在修改过程中覆盖了原来的稿本；大量电子邮件由收件人、发件人自行处置而无从甄别；大量数据库文件在自动更新中丢失了以往的记录；大量数码照片、视频文件、音频文件、多媒体文件散存于各处。工作人员可以随意更改、删除、拷贝单位信息系统中的电子文件。

典型案例

分散无序的电子文件管理

　　2004 年，上海市某区档案局对全区 69 个委、办、局和街道办事处等进行了电子文件管理情况的普查。结果发现，100％的单位建有各类信息管理系统，这些系统中产生的非红头文件形式的数据，没有被有效归档保管。例如，劳动促进局的社会保障信息管理系统只注重最终形成的数据报表（因为这些数据报表要上传上级部门或提交领导），而忽视了一条条的有关个人情况的数据。约 71％的各类电子文件分散于个人的电脑硬盘中，并与私人文件混合一处，完全处于一种"无序的、自生自灭的状态"中。办公自动化系统、信息管理系统之外形成的电子文件（如数码照片），更是处于分散无序的状态。集中于档案部门保管的电子文件仅占 17％左右。

　　资料来源：本课题组实地调研与深度访谈。

---

　　① 　参见冯惠玲：《档案信息资源在国家经济社会发展中的综合贡献力》，2005 中国信息资源管理论坛报告，2005-05-30（未公开出版）。

少数单位虽然已经着手管理电子文件，但基本上是沿用纸质文件的管理方法（通常是将电子文件脱机转存于光盘或磁盘之上，然后将光盘或磁盘移交档案部门"归档"），根本无法保证电子文件的真实性、可靠性、完整性与可用性。而且，这些单位还自以为它们对电子文件的"物理保管"即是"电子文件管理"，并将其作为先进工作经验加以宣传、推广。

从宏观来看，过去，凡属于国家所有的、具有保存价值的实体文件最终都要归档、移交到各级各类国家档案馆保存，为国家所掌控。而现在，除了极个别档案馆开始进行实验性探索外，从中央到省、地、县数千个档案馆对于接收电子文件问题尚未列入工作议程①，电子文件大都由其形成机构自行保管、自由处置。上至中央，下至地方，国家既没有对电子文件进行统一管理、集中保存，也没有对电子文件管理进行有效监督、规范控制，以至于无从知晓全国电子文件的数量、内容和分布情况②，更无从对全国电子文件资源进行宏观配置、科学开发。这意味着，国家缺乏对电子文件的必要控制能力，无法对电子文件这种具有战略意义的信息资源进行合理配置、有效整合、充分共享，使之服务于国家各项建设事业。这是社会资源的极大浪费和对国家核心竞争力的损害。

背景知识

> 1996年，比尔·盖茨在《内容为王》中写道："我预期内容的传播能在因特网上带来客观的利润。"
>
> 信息社会由"路"、"车"和"货"构成。"路"是指信息基础设施，"车"是指应用信息系统，而"货"是指信息资源（信息内容）。"内容为王"是指在"路"、"车"和"货"这样的架构中，"货"是最重要的。在信息管理中，三分技术、七分管理、十二分内容。没有内容，信息社会就是一个空壳。

当前，世界信息化建设已进入新的转折期和关键发展期。西方发达国家的信息化建设重心正从信息基础设施建设、应用

---

① 尽管某些档案馆已经接收少量电子文件进馆保管，但这种接收、保管大都是零散的、不科学的。

② 目前档案行政管理部门仍然按照"盒"（磁带）、"张"（光盘、磁盘）来统计各级各类档案机构收藏电子文件数量。这种对于电子文件载体的物理保管与数量统计毫无意义，并不能真正掌握电子文件的情况。

信息系统开发，转移到信息资源开发利用上。"内容为王"加剧了各国对信息资源（信息内容）的控制与争夺。当前我国电子文件控制力上的欠缺，必然使国家信息资源控制能力受损，进而延缓我国新一轮信息化战略的进程。

2.2　流失严重，危及国家历史和民族记忆的延续

文件是人类社会活动的原始记录，是历史文化、社会记忆的主要载体。人类的历史文化、社会记忆传承，相当程度上依赖于文件的归档（文件归档之后即是档案）和档案的留存。中华文明连绵五千多年从未中断，得益于中国有着保管文献、收藏档案、记录历史的优良传统；华夏子孙强大的向心力、凝聚力，也得益于我国卷帙浩繁的档案与文献中珍藏的共同的民族记忆。

根据课题组的调查，在中央和国家机关及直属企事业单位，42.2％的电子公文没有以任何方式留存；74.4％的机构没有采用任何措施存留数据库、电子邮件、多媒体文件、网页文件等类型的电子文件；由于管理方法的粗放、简单，绝大多数单位留存下来的电子文件并不具有真正的"档案价值"。

基本术语

档案（archives）

档案是指"国家机构、社会组织以及个人从事政治、军事、经济、科学、技术、文化、宗教等活动直接形成的具有保存价值的各种文字、图表、声像等不同形式的历史记录"。（《中国大百科全书·图书馆学·情报学·档案学》）

一般认为，档案是由文件归档而来的，是具有长期保存价值的非现行文件。但是，电子时代，文件与档案的区别趋于模糊。

一些保存下来的重要电子文件因管理不当已经无法读取。过去短短三年的时间里，已有22.5％的中央和国家机关及直属企事业单位出现了已经保存的电子文件无法读取的现象。例

如，我国 20 世纪 90 年代举办的一次重大的国际体育比赛的电子文件目前已完全无法读取，20 世纪 80 年代开展的一次重要的全国普查活动的 99％ 的原始数据已经丢失，某市政府大批 20 世纪 80 年代生成的电子文件无法读取。① 某核电站 20 世纪 90 年代初花费 7 000 余万元组织多家单位翻译了大量极其重要的技术资料，存储于 400 多张软盘上，1999 年打算印刷这批技术资料时，虽经最大努力也没有能够读取这些软盘上的内容。②

国外电子文件管理的历史也向我们展示了沉痛的教训。例如，东德产生的包括行政文件、农业文件、劳工资料、监狱登记册、人事案卷在内的成千上万份电子文件，在德国统一之后，由于诸多原因不能读取，虽经全力抢救也无法挽回，造成这方面历史的一段空白。③ 美国国家档案馆、法国国家档案馆也曾发生过大批电子文件丢失、历史文化遭受损失的事故。

典型案例

美国国家档案馆丢失 43 000 份电子邮件

2000 年 1 月 6 日，美国《华盛顿邮报》刊文披露：1999 年 6 月期间，美国国家档案馆约 43 000 份电子邮件失踪，这些电子邮件包括 125 个用户的内部文件。据分析，可能是因为有人想删除某一个用户的电子邮件却按错了键，故而造成了这次意外事故。《华盛顿邮报》对此讽刺说："专门负责保管他人文件的国家档案馆，自己的文件却难逃厄运，真是太荒谬可笑了。"

资料来源：National Archives of USA Loses 43 000 Emails, *The Washington Post*, Jan 6, 2000.

一个民族的灭亡从来不是这个民族物质资源的丧失，而是这个民族历史文化的消失。一个国家的兴盛不仅是这个国家的经济增长，更是这个国家文化的繁荣。党的十七大报告指出，"当今时代，文化越来越成为民族凝聚力和创造力的重要源泉"，要"提高国家文化软实力"。电子文件的完整保存与长久可读，关系国家文化遗产的留存和文化软实力的提升，关系民族历史

---

① ② 根据本课题组的调研访谈。

③ 参见［加］安娜·杜兰蒂：《如何长期保证电子文件的真实性?》，载《中国档案》，2000 (3)。

记忆的延续。电子文件的流失将给国家和民族的历史文化造成无穷后患！

2.3　证据效力无法保障，损害各项工作的合法性

电子文件是一个机构在开展电子政务、电子商务或其他电子化业务中产生的凭证性记录。它是支撑一个机构业务活动顺利开展的基本工具，更是证明一个机构业务活动合法性的重要凭据。

背景知识

《萨班斯—奥克斯利法案》(Sarbanes-Oxley Act)

针对安然、世通等财务欺诈事件，2002 年 7 月美国国会出台了《2002 年公众公司会计改革和投资者保护法案》，又称《萨班斯—奥克斯利法案》。该法案对美国《1933 年证券法》、《1934 年证券交易法》做了不少修订，在会计职业监管、公司治理、证券市场监管等方面作出了许多新的规定。一般来说，萨班斯法案涉及公司层面、业务流程及 IT 管理三大方面，企业中越来越多的业务流程都建立在 IT 系统之上，管理业务就是管理 IT；而对于很多企业而言，IT 内控是非常缺乏的。《萨班斯—奥克斯利法案》在强化企业内控机制的过程中，将文件管理作为一个重要的方面。该法案对文件的形成、管理、保存以及篡改文件的行为都作了明确的规定，其出台表明，加强文件的科学化管理是提高企业合规性（compliance）的必然要求。

在许多国家，电子文件的证据效力已得到法律认可，而且法律强制政府机构和公司有效管理电子文件，以保留业务活动证据。在 1998—1999 年美国司法部针对微软公司的诉讼案件中，诉讼双方向法庭呈送的大约 3 000 份证据大多数是电子邮件，美国司法部一位高级官员说，电子邮件正是这次诉讼的一场革命。[①] 2002 年 7 月美国颁布的《萨班斯—奥克斯利法案》，

---

① 参见王岚：《无法回避的挑战，必须跨越的巅峰——迎接电子档案的降临》，载《档案学通讯》，2000（1）。

被布什称为"自罗斯福总统以来美国商业界影响最为深远的改革法案"，对在美上市公司的文件留存提出了严格要求，通过审计文件来审计企业行为，从而达到加强监管、防止欺诈的立法宗旨。如果企业不按规定保存文件，可能面临司法诉讼、高额罚款，亦会导致名誉受损。[①] 2006 年，摩根士丹利公司再次因未按规则保存电子邮件而被美国证交会罚款 1 500 万美元；而在此之前的一桩民事诉讼中，该公司因为拒绝交出电子邮件而输了官司，被陪审团一审判定赔偿 14.5 亿美元。[②]

但是，当前我国各政府机关、企事业单位大量生成、使用电子文件，却不重视电子文件管理，或者不能科学地管理电子文件，致使电子文件失去应有的可信度、证据力。在本课题的问卷调查中，73.6% 的中央和国家机关及其直属企事业单位自己承认，其生成的电子文件无法独立发挥文件的证据效力；而据课题组的分析，由于没有功能完善的电子文件管理系统，没有科学、有效地管理保障电子文件真实性、可靠性、完整性和可用性的元数据，事实上没有一家受访单位的电子文件真正具有证据效力。我国某大型国有企业在涉外诉讼过程中，因不能像外国企业（诉讼对方）那样提供大量、系统、可信的电子文件，以至于直接经济损失高达 5 000 万元以上。[③]

基于证据的政府治理是现代行政的重要特点。政府必须主动提供充分的证据向公民证明其一切职责、权力、决策与活动的合法性、正当性与公平性。文件是政府向人民证明其民主执政、依法执政，从而赢得人民信任与支持的重要凭据。政府执政的合法性必须有完善的文件体系予以记录和证明。如果不能保障电子文件的证据效力，当政府部门受到公众质疑，面对争议与诉讼时，就会因为无法提供充分的证据而处于极为不利的境地。

---

① 参见刘越男：《聚焦数字时代归档的变迁》，载《北京档案》，2007（4）。
② 参见朱伟一：《摩根士丹利为何与电子邮件过不去？》，载《南方周末》，2006-06-22。
③ 根据本课题组的调研访谈。

2.4 安全问题堪忧，威胁党和国家的安全与利益

国家许多核心部门的电子文件具有秘密性，一旦泄露将严重损害国家利益、威胁国家安全。例如，1991 年、2003 年两次伊拉克战争中，美军截获了伊拉克大量含有军事秘密的电子文件，加速了伊拉克的溃败。1999 年英国情报机构军情六处（MI6）一份海外秘密情报人员名单被网上曝光，英国海外情报系统因此遭受重创。[①]

当前，我国电子文件的安全问题堪忧。许多单位由于没有规范的电子文件管理措施，工作人员可以随意从单位信息系统上查阅、拷贝电子文件，并将其擅自带出单位，造成大量秘密被有意或无意地泄露。前不久，解放军某部保密工作大检查时发现，电子文件泄密现象十分普遍。某重要军工部门一名科研人员出境时，随身携带的电脑中存储了大量绝密电子文件，幸被海关部门截获。某科技集团一位技术人员私自将存有秘密电子文件的笔记本电脑和移动硬盘带回家中，结果几天后家中失窃，笔记本和移动硬盘被盗，多份秘密资料失控。[②] 最近一个时期，党和国家高密级涉密文件外泄事故频发，无一例外，"丢"的都是电子文件。

典型案例

电子文件失密

某部委研究室涉密人员张某，携带涉密笔记本电脑开车外出。当他把汽车停在小学门前去接放学的孩子时，放在车内的存有关于统战政策的机密级国家秘密信息的笔记本电脑被盗。

某部研究院研究员蔡某擅自携带一台存有军事秘密的涉密笔记本电脑，到某地参加军工科研会议。由于未采取有效的安全保密措施，致使涉密笔记本电脑在其所住宾馆内被盗，

---

① 参见冯惠玲：《电子政务系统中文件管理风险分析与对策研究报告》（未公开出版）。

② 参见《令人震惊！近来发生的计算机泄密案例！》，http：//junmeng. nen. com. cn/blog/html/54/654-13653. html，2007-12-25。

电脑内存储的重要国防秘密失控。

资料来源：《令人震惊！近来发生的计算机泄密案例！》，http：//junmeng. nen. com. cn/blog/html/54/654-13653. html，2007-12-25。

电子文件的网络泄密事件同样触目惊心。根据国家计算机网络与信息安全管理中心提供的资料，网络泄密案件已占总泄密案件的1/3；中央国家部委的涉密网络有一半以上未达到安全保密要求；2004年8月中国城市电子政务发展研究课题组发布的我国首份城市政府门户网站评价报告显示，我国政府网站的安全指数仅为35％。[①] 在各种计算机安全事故中，有30％～40％导致了电子文件泄密。[②]课题组的调查表明，许多标有密级的重要电子文件不仅在单位无安全保障措施的内部网上自由传输，甚至公开挂到因特网上。如中办发［2004］34号文件，保密等级是"秘密"，但与它在内部发布的同时，因特网上就刊载了这份文件的全文。如不尽快加强电子文件管理，保护电子文件秘密，将严重威胁党和国家的安全与利益。

2.5　开发利用水平低下，削弱政府的服务能力

进入新时期以来，我国加快了建设服务型政府的步伐。电子文件作为政府传递政务信息的基本手段，是重要的信息资源。据估计，中国社会约80％的信息资源生成和保存于政府部门，而政府部门的核心信息资源又大都以电子文件形式存在。因而，开发利用电子文件资源，让公众享受成本低廉、质量上乘的信息服务，是新时期加强政府服务力建设的重要途径。

十几年来，许多国家以各种形式大力开展对政府信息资源的开发利用和再开发利用，充分发挥电子文件信息资源的特殊价值，服务社会、服务公众，产生了良好的社会效益和一定的经济效益，对于推进服务型政府、阳光政府、透明政府，推进政府信息公开和社会服务发挥了重要作用。

---

① 参见褚峻：《电子政务安全技术保障》，5～6页，北京，中国人民大学出版社，2004。
② 参见徐拥军：《电子文件风险管理的必要性与可行性》，载《档案学通讯》，2005（6）。

相比之下，当前我国政府电子文件开发利用率较低。由于得到有效控制和科学管理的电子文件量少质低，开发利用的政策不到位，电子文件开发利用的深度和广度都与信息化先进的国家有很大差距。除了一些政府机关的网站和区域性电子文件中心（大部分设在该地区的档案馆内）集中存储并有限度地提供一部分现行电子文件为政府机关和公众服务外，有计划性的开发利用极为少见。根据中国电子信息产业发展研究院、中国信息化绩效评估中心开展的"2006年中国政府网站绩效评估"，我国部委机构网站、省级政府网站、地市级政府网站及县级政府网站的信息公开平均指数依次为 0.519、0.519、0.339 和 0.165，均未达到及格水平（0.600）。[1] 根据中国人民大学信息资源管理学院 2007 年公布的《我国省级档案网站测评报告》，全国省级档案网站现行文件服务指标的平均得分率只有 53.6%，亦未达到及格水平（60%）。[2]

典型案例

现行文件公开后查阅者寥寥

贵州省内首家专门为社会公众免费提供政府现行文件查阅的服务窗口——六盘水市现行文件资料阅览室已向社会开放半月之久，然而只有不到 10 人前来查阅。……长久以来，政府出台的现行文件基本处于"半封闭"状态，文件的流向往往还处于官方对官方、政府对政府、单位对单位的状态，而老百姓"想看某些文件资料只能跑单位、政府，甚至还看不到"的观念根深蒂固，现行文件阅览室自然一时间不为人们所"接受"。更多的百姓不知道或不清楚在这个阅览室内可随时查询，"原汁原味"地看到政府应当公开的非涉密文件资料。

资料来源：聂娜：《开张半月只有寥寥数人查阅"红头文件"，阅览室为何遭冷遇》，http://gzsb.gog.com.cn/system/2002/06/27/000206303.shtml，2007-12-12。

---

[1] 参见中国人民大学信息资源管理学院：《2006 年中国政府网站绩效评估报告》，http://www.cstc.org.cn/2006wzpg/index.htm，2007-12-20。

[2] 参见赛迪顾问股份有限公司，中国信息化绩效评估中心：《我国省级档案网站测评报告》，http://www.ccidconsulting.com/2006govtop，2007-12-21。

不仅政府掌握的大量电子文件无法为社会所用，难以进行有效的公益性或商业化开发利用，而且政府内部也因为各机构之间利益分割、协调困难，无法充分共享电子文件，实现其信息资产价值。根据北京市信息办 2004 年的调查，北京市各机关内部共享的数据（相当部分是电子文件）约占总数据的 45%，各行业系统内纵向共享的数据只占 36%，跨行业部门横向共享的数据仅为 7%。① 即便是在一个机构内部，电子文件也经常因管理不当而无法查阅。根据课题组的调查，只有 55.2% 的机构认为，当遇到合法的电子文件查询请求时，它们能够检索并提供所需的电子文件。

电子文件开发利用水平低下，将折损文件信息资源的宝贵价值，并损害政府面向社会与公众的服务能力，削弱政府高效服务的根基，制约服务型政府的构建。

---

① 参见北京市信息资源管理中心：《北京市信息资源开发利用"十一五"规划研究报告》，2005（未公开出版）。

第3章 原　因

当前我国电子文件管理存在的问题，与我国信息化整体水平不高有关，也有文件管理自身的体制、机制因素，是由包括观念、制度、技术、人才等多方面因素交错、重叠造成的。

3.1　认知因素：意识落后、观念陈旧

电子文件管理问题，首先是一个思想认识问题。我国电子文件管理的落后，首当其冲根源于我国对电子文件管理的认识跟不上，不到位。

3.1.1　缺乏证据意识

长期以来，我国各部门和工作人员法治观念不强、证据意识薄弱，没有认识到文件作为业务活动的原始记录，是重要的法律凭证；更没有形成在工作中生成并保留文件，以生成并保留法律证据的习惯和制度规范。进入数字时代以后，相当多的单位和个人又没有将电子文件视为正式文件，不认可电子文件的证据效力。

基本术语

元数据

元数据（metadata）一般是指"关于数据的数据"或"描述数据的数据"。《信息与文献——文件管理》（ISO 15489：2001）将元数据定义为："描述文件的背景、内容、结构及其整个管理过程的数据"。作为数据管理工具，元数据在传统的图书情报工作、档案管理、博物馆工作，以及现代的网络信息资源管理、知识管理等广泛的领域里发挥着重要的作用。

在电子文件管理领域，元数据提供了对电子文件的全面描述，可以保障电子文件的真实性、可靠性、完整性和可用性，能够支持电子文件信息的组织和查询，能够支持电子文件的全程控制，能够支持电子文件管理流程的集成与优化。

尤其需要指出的是，我国绝大多数单位和个人认为，将电子文件打印（硬拷贝）成纸质文件就可以使之具有证据效力。但是，他们万万没想到，像电子邮件、电子订单等电子文件打印成纸质文件后，由于许多原来依附于计算机系统的元数据的缺失，造成信息不完整，反而使其不具有证据效力。况且数据库文件、音频文件、视频文件、多媒体文件、超媒体文件等类型的电子文件是根本无法打印出来的。

3.1.2　缺乏资产意识

我国绝大部分单位和个人没有认识到：电子文件作为电子化业务的凭证性信息，是一个机构乃至国家不可再生的信息资源、极具价值的信息资产与知识资产。我国没有一条规章制度明确规定，应该对文件进行资产登记、清查。某些部门和个人虽然对电子文件有所保管，却很少将其提供利用。这反映了他们没有清楚地意识到：电子文件作为信息资产，最有价值的工作并非在于对其进行有序的物理保管，而是对其进行充分的开发利用，使之真正实现社会效益、产生经济价值。

3.1.3 缺乏风险意识

由于技术的复杂性与脆弱性，电子文件面临严峻的多重风险。但是，根据课题组的实地调研，相当多的单位和工作人员基本上没有电子文件风险意识。很多人错误地认为"数据备份了，就安全了"，"只要计算机不坏，电子文件就不会丢失"。在许多人看来，电子文件管理的质量要求就是"数据不丢失"，即便是电子文件丢失了，"大不了，再重录入一遍"。对于电子文件风险事故可能造成的严重损失基本没有什么概念。

3.1.4 缺乏效益意识

背景知识

"双套制"与"双轨制"

现阶段纸质文件与电子文件的共存状态可归结为"双套制"和"双轨制"两种类型。所谓"双套制"，是指文件归档后两者的共存，亦称为"双套归档"。"双套制"的实现，可以是对电子文件制作纸质拷贝，也可以是对纸质文件进行数字化。"双套归档"可使同一份文件的电子版本和纸质版本共同处于存储和可利用状态。所谓"双轨制"，是指在文件生成、运转过程中两者的共存，即两种形式的文件同步随业务流程运转。实行"双轨制"的机构在文件（包括收文、发文和内部文件）进入运转程序时就形成电子和纸质两种版本，业务人员要对同样内容的两种文件进行重复或部分重复办理。当然，在办理结束后，"双轨制"大多导致"双套归档"。

目前，我国绝大多数单位仍然寄托于以"双轨制"与"双套制"应对电子文件的挑战。"双轨制"是指在运转电子文件处理流程的同时，仍然需要完成相应的纸质文件处理流程；"双套制"是指在保存电子文件的同时，仍然保存对应的纸质文件。根据课题组的调查，77.6%的机构完全或部分采用"双轨制"，89.9%的机构采用"双套制"。"双轨制"与"双套制"非但没有实现信息化提高工作效率、降低工作成本的初衷；反而大大抵消了信息化的优势，降低了工作效率，增加了工作任务和投入，是人力、物力与财力的极大浪费。对"双轨制"与"双套制"的依赖，不仅是一种权宜保守之计，更从一个侧面反映出许多部门和工作人员缺乏效益意识，没有认识到信息化建设的根本目的是提高效率、降低成本。

总之，由于意识落后、观念陈旧，我国各级政府和各个单位不重视电子文件管理的现象相当严重，以至于造成大量电子文件处于失控状态。

3.2 体制因素：分段式、分散式管理

3.2.1 分段式管理

目前，我国实行严格的、绝对的分段式文件管理模式，即整个文件管理过程分为前期的文件处理和后期的档案管理。文件自生成至归档阶段称为文件处理，由综合性办公部门（如办公厅、室等）和业务职能部门负责；文件自归档至被永久保存或销毁，称为档案管理，由档案部门负责，如图3—1所示。

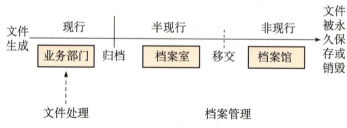

图3—1 分段式文件管理模式

如此一来，对于同一事物（文件）的管理活动，被划分为两个不同的阶段，分属于不同的部门。文件处理与档案管理的标准规范、技术方法完全不同、截然区分，相互之间缺乏衔接与协同，存在严重的工作脱节与管理空白现象。而且，由于业务部门与档案部门职责不同、利益不同，相互之间必然会在文件管理问题上存在一定的矛盾与冲突。尤其是前端的业务人员很少兼顾后端的档案人员对电子文件真实性、可靠性、完整性

与可用性的专业要求。

从理论上说，由于前端文件处理的质量会直接影响到后端档案管理的质量，档案部门应该具有一定的监督、控制文件处理的职权。但是，《中华人民共和国档案法》（1996）并没有明确赋予档案部门这种职权，而只是在《〈中华人民共和国档案法〉实施办法》第九条中不甚详细地规定：机关、团体、企事业单位和其他组织的档案机构负有"指导本单位文件、资料的形成、积累和归档工作"的职责。因此，档案部门监督、控制文件处理于法无据。

3.2.2　分散式管理

20世纪90年代以来，为大力推进信息化建设，各级政府建立了信息化办公室、信息化建设委员会之类的机构，相当多的企事业单位也成立了诸如信息管理部、信息中心的机构（这类机构以下统称为"信息部门"）。由于电子文件是信息化建设的产物，是重要的信息资源，因而也成为信息部门涉及的管理对象。

背景知识

集中式管理与分散式管理

20世纪90年代末，加拿大哥伦比亚大学和美国匹兹堡大学分别提出两种电子文件管理模式，即由档案馆集中保管电子文件和由各文件生成机构分别保管电子文件。支持集中式管理的一派认为，当文件进入非现行阶段后，文件生成机构很可能失去管理文件的动力；档案馆作为永久保存档案的基地，能够为电子文件的安全提供全面保障。支持分散式管理的一派认为，电子文件具有系统依赖性，技术和资源的有限性使得档案馆不可能保管所有机构的电子文件，而文件生成机构能够胜任电子文件的技术维护。随着信息技术标准化程度的提高，以及国家对信息资源控制力需求的提升，集中式管理模式逐渐占据优势，国际上大多数国家均将其作为构建国家电子文件管理体系的重要原则。

在各单位，行政类纸质文件一般全部归档于档案部门集中保管；业务类纸质文件或者由各个业务部门自行保管，或者由档案部门集中保管，或者一部分由各个业务部门自行保管而另一部分由档案部门保管。

行政类电子文件（通常是办公自动化系统产生的电子公文）或者全部归信息部门保管，或者全部归档案部门保管，或者分散保存于各业务部门。至于业务类电子文件（通常是各种业务信息系统产生的数据库文件），有的单位将其全部归于信息部门或档案部门保管，更多的单位任其完全分散于各个业务部门。这样，就形成了极其凌乱的分散式文件管理模式，如图3—2所示。

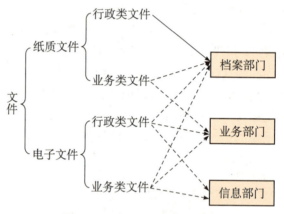

图3—2　分散式文件管理模式

从整个国家来看，由于我国绝大多数档案部门（上自中央档案馆，下至基层单位的档案室）尚未系统地接收电子文件进馆保存，电子文件分散于形成机关甚至个人手中保存，致使国家电子文件资源无法得到有效控制。

分段式管理从纵向分割了一个完整的文件管理过程；分散式管理又从横向切割了一个整体的文件管理对象。这样整个文件管理体系被人为地割裂得支离破碎，从而不可避免地造成了电子文件管理的失控，造成了电子文件的流失、泄密与证据效力无法保证等。

3.3　管理因素：协调不力、沟通困难

3.3.1　组织机构不协调

当前，在文件管理领域，国家上层出现了中共中央办公厅、国务院办公厅、国家档案局（中央档案馆）三个部门分管的局面。中共中央办公厅、国务院办公厅是全国党、政两大系统的文件工作最高主管部门，负责全国行政类文件（公文）生成、传递、处理工作的宏观管理。国家档案局是全国档案工作的最高主管部门，负责全国文件归档、档案管理工作的宏观管理。这三个部门都涉及国家文件管理的某一个方面，相互之间只有有机协调、充分配合、鼎力协作，才能保证国家文件管理工作的顺利开展。但是，目前中共中央办公厅和国务院办公厅颁布的文件工作规章制度差异很大，而且两者颁布的文件工作规章制度均缺乏对后续文件归档、档案管理的考虑。作为对文件管理负有主要责任，并最终永久保管文件的国家档案局（中央档案馆）由于职能范围被限定在文件"归档"之后，很难对文件形成和处理阶段提出必要的管理要求，如图3—3所示。相应地，在各级地方、各个单位，也是党委综合办公部门、政府综合办公部门、档案部门"三头分管"文件管理工作。

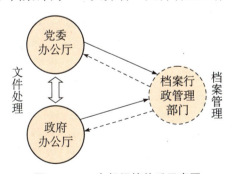

图3—3　三个部门的关系示意图

受多种因素影响，我国党委综合办公部门与政府综合办公部门之间在文件管理工作上的协调本来就不够畅通，而档案行政管理部门虽然位列政府部门序列，但事实上又属于党的工作

部门，这就进一步加剧了"三头分管"的矛盾与冲突。

许多地方或单位成立信息部门之后，信息化项目的审批权和信息系统的开发或采购权划归信息部门。而信息部门在审批信息化项目、开发或采购信息系统时，很少考虑各项目或系统的电子文件管理功能需求，几乎不征求档案部门的意见；甚至某些地方或单位的信息部门还参与、介入电子文件管理。这样，原来的"三头分管"情况进一步演化成为更严重的"四头分管"局面。

"四头分管"中的党委综合办公部门、政府综合办公部门、档案部门、信息部门各立章法，有时相互抵触。如此一来，上自整个国家，下至某个具体单位，都难以顺利地制定电子文件管理战略，研发功能完备的管理系统，实施统一的管理与控制。

3.3.2 法规标准不协调

法规标准是电子文件管理的基本依据和操作指南，法规标准不协调也是造成我国电子文件管理混乱的深层原因之一。

第一，各法规标准的基本术语不统一。例如，电子文件在不同的法规标准中有"电子文件"、"电子档案"、"电子公文"、"数据电文"、"电子文书"等多种不同的称谓，如表3—1所示。即便是同一术语，在不同的法规标准中也有不同含义。例如，《电子文件归档与管理规范》与《CAD电子文件光盘存储、归档与档案管理要求——第一部分：电子文件归档与档案管理》定义的"电子文件"不相一致，《电子公文传输管理办法》与《基于 XML 的电子公文格式规范》所定义的"电子公文"各不相同。

表3—1　　　　　　　不同规范中电子文件的称谓

规　范	电子文件的称谓
《电子文件归档与管理规范》、《CAD 电子文件光盘存储、归档与档案管理要求——第一部分：电子文件归档与档案管理》等	"电子文件"
《基于 XML 的电子公文格式规范》、《电子公文传输管理办法》等	"电子公文"
《中华人民共和国电子签名法》	"数据电文""电子文书"

续前表

规 范	电子文件的称谓
许多地方性和单位内部的规范，如《广西壮族自治区电子档案管理办法（试行）》《福建省电子文件归档与电子档案管理办法（试行）》《吉林大学电子档案管理制度》等	"电子档案"

第二，党委、政府两大系统的文件管理标准互不协调。以纸质文件管理的标准为例，中央办公厅颁布的《中国共产党机关公文处理条例》（1996）和国务院办公厅颁布的《国家行政机关公文处理办法》（2000）在纸张幅面、版头、发文机关标识、密级、份数、主题词、成文日期、用印等诸多方面各不相同，如表 3—2 所示。

表 3—2　　　　　党政两大系统公文处理规范的不一致性

	《中国共产党机关公文处理条例》	《国家行政机关公文处理办法》
纸张幅面	可采用 16 开型，也可采用国际标准 A4 型	一般采用国际标准 A4 型
公文文种	主要有 14 种：决议、决定、指示、意见、通知、通报、公报、报告、请示、批复、条例、规定、函、会议纪要。其中，相对于《国家行政机关公文处理办法》特有的文种有 5 种：决议、指示、公报、条例、规定	主要有 13 种：命令（令）、决定、公告、通告、通知、通报、议案、报告、请示、批复、意见、函、会议纪要。其中，相对于《中国共产党机关公文处理条例》特有的文种有 4 种：命令（令）、公告、通告、议案
公文格式	由版头、份号、密级、紧急程度、发文字号、签发人、标题、主送机关、正文、附件、发文机关署名、成文日期、印章、印发传达范围、主题词、抄送机关、印制版记组成	由公文份数序号、秘密等级和保密期限、紧急程度、发文机关标识、发文字号、签发人、标题、主送机关、正文、附件、成文日期、公文生效标识、特殊情况说明、附注、主题词、抄送、印发机关和印发时间等部分组成
版头	发文机关标识由发文机关全称或者规范化简称加"文件"二字或者加括号标明文种组成。与公文主题部分用一条红色横线相隔，红线中间一般有一颗红五星，以示与政府机关、军队机关公文的区别	发文机关标识由发文机关全称或规范化简称加"文件"二字组成。发文文号之下 4mm 处印一条与版心等宽的红色反线

续前表

	《中国共产党机关公文处理条例》	《国家行政机关公文处理办法》
密级	根据《秘密文件、资料和其他物品标志的规定》，公文的秘密等级一般标注在公文首页左上角，标注于份号下方	根据《国家行政机关公文格式》密级和保密期限，顶格在公文首页版心右上角第一行
份号	标注于公文首页左上角。秘密公文应当标明份号（实际中全部公文都标明份号）	"绝密"、"机密"级公文应当标明份数序号
成文日期	根据《关于出版物上数字用法的试行规定》，成文日期应当用阿拉伯数字标注（如 2007 年 11 月 10 日）。决议、决定、条例、规定等不标明主送机关的公文，成文日期加括号标注于标题下方居中位置	根据《国家行政机关公文格式》，用汉字将年月日标全；"零"写为"○"
印章	除会议纪要和印制有特定版头的普发性公文外，公文应当加盖发文机关印章（一般都是普发性公文，均不加盖公章）	除"会议纪要"和以电报形式发出的以外，应当加盖印章（一般都加盖公章）
附件序号	如"附件一"	如"附件1"
主题词	依据中共中央办公厅秘书局1998年修订的《公文主题词表》	依据国务院办公厅秘书局1994年修订的《国务院公文主题词表》
末页无正文的处理	末页如无正文，在末页第 2 行注明"（此页无正文）"	末页不得无正文，采取调整行距、字距的办法，务使印章与正文同处一面
排版要求	每页 20 行，每行 25 个字	每页 22 行，每行 28 个字
印制版记	不包括主题词和抄送机关，要求有印刷份数	包括主题词和抄送机关，无印刷份数要求
附注	无规定	公文如有附注（需要说明的其他事项），应当加括号标注

　　第三，行业性、地方法规标准与国家法规标准互相冲突。近年来很多地区、行业面对电子文件的大量出现，纷纷提出

"标准先行"的口号，制定各自的有关归档、元数据、保存格式与方法等方面的标准规范，其术语、内容、规范方式差异很大，与正在制定或酝酿中的国家标准也多有不同，这就为日后电子文件及其管理系统的互联互通埋下了隐患。以核心的电子文件管理元数据标准为例，当前已经发布或即将发布的标准有《生态科学数据元数据》（GB，2006）、《军用数字地图产品元数据要求》（JB，2006）、《草业资源信息元数据》（HB，2006）、《气象数据等核心元数据》（HB，2005）、《国土资源信息核心元数据标准》（HB，2003）、《基础地理信息数字产品元数据》（HB，2001）、《核电电子文件元数据》标准（2008）等。这些分别自成一体的标准在其各行业、各地方推广后，将会给全国范围内电子文件的传递与交换带来不同程度的障碍。

上述法规标准之间的差异与冲突对于纸质文件管理的影响不是十分明显，但是在电子时代，这种差异与冲突极大地影响了电子文件资源的整合、共享与集成，是造成电子文件管理混乱、失控的重要原因。

3.3.3 项目、系统不协调

从国家总体来看，在电子文件管理领域，我国尚缺乏国家上层的总体设计和自上而下的统筹规划，导致各地方、各行业系统各自为战、各行其是，缺乏有机的协调与统一。

背景知识

综合性档案馆电子文件管理项目的类型

近年来，我国一些地方综合性档案馆的电子文件管理项目竞相启动。由于目前国家尚未对电子文件管理项目进行有效界定、规划与协调，因此这些项目的目标和功能定位各不相同。大致包括如下类型：一是永久保管型，即以确保电子文件的真实可靠性、长期可读性为目标，实现电子文件的长久保存和提供利用，构建电子文件的最终归宿。二是中转站型，先将各机关形成的电子文件按照一定规则收集起来，留待将来移交档案馆。三是现行文件查询服务型，主要功能是实时接收所在区域电子政务内外网上处理完毕的文件，特别

> 是电子公文，实行集中保管和提供利用。四是备份型，主要承担本地区电子政务系统中各类文件、信息以及系统数据的备份任务。

从横向来看，各地方纷纷启动本区域范围的电子文件管理项目。据不完全统计，当前有安徽省、天津市、江苏省、广州市、深圳市、青岛市、常州市、南通市、张家港市等近20个省级或市级档案局（馆）正在规划、建设本区域的电子文件管理项目，还有更多的项目在酝酿之中，如表3—3所示。

表3—3　　　　　　　　地方电子文件管理项目一览表

规　范	电子文件的称谓
省、市	电子文件管理项目名称
安徽省、天津市、江苏省、山东省、常州市、张家港市、南通市	电子文件中心
江苏省①	电子档案中心
福建省	电子文件与电子档案数据接收中心
广州市	电子文件档案资源管理中心
韶关市	电子文档数据中心
珠海市	电子档案数据管理中心
中山市	电子档案馆
陕西省、常熟市	电子文件备份中心
上海市长宁区、上海市静安区	区域性电子文件归档管理系统

资料来源：冯惠玲：《综合档案馆电子文件管理项目的功能定位》，载《档案学通讯》，2007（6）。

这些电子文件管理项目，从其五花八门的名称就可知，它们的定位、模式、功能、标准、技术、方法各不相同。于是，全国各地冒出了一个个的"信息孤岛"。即便是同一地方政府内部，"信息孤岛"现象也十分严重。例如，某直辖市各委、办、局自行开发的办公自动化系统已占七成，统一外购的仅占三成，这些系统产生的电子文件格式多达20余种，它们相互之间至少需要交换10多次才能达到完全的数据共享。②

---

① 江苏省档案局（馆）计划先建"电子文件中心"，然后再过渡到"电子档案中心"。
② 参见汤荣宏：《电子公文归档和移交数据结构研究》，载《中国档案》，2007（4）。

从纵向来看，各行业纷纷建立本行业自上而下的电子文件管理系统，自成一体，独立封闭，互不联通，分割成一条条的"信息烟囱"。现在工商、税务、公安、电信、电力等行业都建立了较为完备的信息系统；但是，这些系统之间连最基本的数据都不一致。例如，2002年10月，国务院信息化工作办公室、国家工商行政管理总局、国家税务总局、国家质量监督检验检疫总局联合印发了《关于开展企业基础信息交换试点的通知》，在北京、青岛、杭州、深圳4个城市开展了工商、国税、地税和质量监督部门之间的企业基础信息交换试点工作。北京市在第一次税务与工商的数据比对中，就发现了1万多条不一致的信息；青岛市共发现地税漏管户近2万户，国税漏管户近3万户，在税务部门登记而无工商注册的将近4万户；杭州市在工商注册但未作税务登记的企业占23.6%；深圳市也发现漏管企业8 400多家。①

背景知识

信息孤岛与信息烟囱

信息孤岛与信息烟囱是对信息化建设中存在的各种数据信息交流不畅、缺乏共享与沟通现象的形象化描述。信息孤岛又叫自动化孤岛、资源孤岛，是指在数据单元单独存放、不能自动地实现信息共享与交换，需要靠人工与外界进行联系的一种现象。信息孤岛是由于计算机技术运用的不断深入，不同软件产品的大量使用而造成的。在国家行政管理体制中，信息往往是由下一级部门向上级部门汇报，而忽略了与同级其他部门交流，同时国家在信息化建设初期过于强调专业信息系统的建设，这样在某种程度上即使逐步消除信息"孤岛"，也容易形成一条条信息"烟囱"。"信息烟囱"是指数据仅在某行业或专业系统中进行交换和运转，缺乏横向的沟通。信息烟囱和信息孤岛是条块分隔的行政管理体制在信息化领域的再现。"条"有业务数据，"块"有综合数据，各级都有自己可用的数据。要消除信息孤岛、摧毁信息烟囱，联通"条"、"块"的信息资源，需要依靠制度创新、技术标准统一和协调管理等多种途径来解决。

① 参见杨谷：《信息共享堵住税收漏管黑洞》，http://www.gmw.cn/3_wlzk/yg/2003/20031210_1.htm，2007-11-27。

项目、系统的不协调，不仅造成了大量的资源浪费，而且加剧了电子文件管理失控的风险。

3.4 制度因素：规范滞后、监督缺失

3.4.1 法规建设滞后

电子文件管理需要符合电子文件特点的规则，需要相对独立的法律法规，作为生成、传递、保存、利用电子文件的规范和依据。没有法律规范的制约，就无法保证电子文件的真实性、可靠性、完整性和可用性，无法保障电子文件管理的高效与科学。

一方面，我国目前尚未制定适用于电子文件管理的专门法规。原有的《中华人民共和国档案法》（1996）未将电子文件管理问题纳入其中，无法满足电子文件全程管理的规范需求。相比之下，美国、丹麦、澳大利亚等一些国家通过修订本国档案法或者文件法，将电子文件管理涵盖在内，丹麦更是通过立法倡导中央政府全部使用电子文件替代纸质文件，从而实现了真正意义的电子文件管理。①

另一方面，电子文件是机构开展业务活动的基本工具与重要凭证，因而电子文件管理应该是机构业务活动的内在组成部分，有关电子文件的规定理应写入规范机构行为的各种法律法规中。2005 年，美国国家档案与文件管理署首次提出"联邦政府组织架构文件管理框架"（Federal Enterprise Architecture Records Management Profile，FEA）。该框架不但首次将文件管理（尤其是电子文件管理）延伸到了文件生命周期管理的最前端——形成阶段，将文件管理活动与机构业务活动系统地集成在一起，而且特别值得指出的是，FEA 的制定和实施有坚实的法规、标准作为基础保障，这使得文件管理的每一项活动都"有理有据"，从而保证 FEA 能够得以有效的贯彻，这些法律法

---

① 参见 Denmark，"Archives Act"（version 3.0），2000，http：//www.sa.dk/sa/omarkiverne/english/legislation.htm，2007-12-12。

规包括《美国法典——第 31 章：联邦机构的文件管理》（44 USC Charpter 31）、《管理与预算办公室 A-130 号通告：联邦信息资源的管理》（OMB Circular No. A-130）等。美国的实践表明，电子文件的科学管理离不开法律法规的支撑和规范。在前不久召开的 ISO/TC46/SC11（国际标准化组织档案/文件分技术委员会）国际会议上，加拿大也遵循类似的思路提出《关于加拿大政府计划、活动及结果文件管理标准的制定：业务管理者与文件专业管理者指南》，并力争使其成为国际标准的范本。

背景知识

44 USC Charpter 31

即《美国法典——第 31 章：联邦机构的文件管理》，其下包括 3101——机构主管的文件管理：一般职责；3102——文件管理程序的建立；3103——文件向文件中心的移交；3104——移交文件的认证与确认；3105——保障措施；3106——非法的文件删除和销毁；3107——总审计官的权限。在《美国法典》（United States Code）中，除了第 31 章外，涉及文件、档案管理的法规条款还有：第 15 章——联邦登记（Federal Register，44 USC Ch. 15），第 21 章——美国国家档案与文件管理署（NARA，44 USC Ch. 21），第 22 章——总统文件（Presidential Records，44 USC Ch. 22），第 23 章——国家档案馆信托基金委员会（Trust Fund，44 USC Ch. 23），第 25 章——国家历史出版物与文件委员会（NHPRC，44 USC Ch. 25），第 27 章——国会文件（Records of Congress，44 USC Ch. 27），第 29 章——美国国家档案馆馆长与公关服务部部长之文件管理（Records Management NARA/GSA，44 USC Ch. 29），第 33 章——文件的处置（Disposal of Records，44 USC Ch. 33）。

背景知识

美国联邦政府组织架构文件管理框架（FEA）

为将美国联邦政府建设成为以公民为中心、绩效为导向、市场为基础的新型政府，美国管理与预算办公室（OMB）在企业架构（Enterprise Architecture，EA）的基础上，于 2002 年 2 月正式启动联邦政府组织架构（Federal Enterprise Architecture，

FEA）。该架构旨在为联邦机构的全面发展提供一个基于业务活动的框架，以利于联邦机构间的公共业务流程、技术引入、信息流和系统投资的协调等。为了改变政府文件管理活动的分散、低效状态，提高文件管理的有效性和规范性，美国联邦政府决定将文件管理纳入 FEA 整体框架中。2005 年由美国国家档案与文件管理署制定的文件管理框架（Records Management Profile，RMP）应运而生。RMP 旨在将法定的文件管理要求和完善的文件管理原则无缝式地集成到机构的工作流程、IT 架构和信息系统之中，从而提高文件管理的质量。

我国目前仅制定了与电子文件证据效力相关的《中华人民共和国电子签名法》（2004）。该法明确了部分电子文件（数据电文、电子文书）的证据效力，具有十分积极的意义。但是，该法明确排除了涉及婚姻、收养、继承等人身关系的，涉及土地、房屋等不动产权益转让的，涉及停止供水、供热、供气、供电等公用事业服务的，以及法律、行政法规规定的不适用电子文书的其他情形下的电子文件的法律效力。总体上，该法主要针对电子商务领域，而不涵盖电子政务领域。电子政务中电子文件的证据效力缺乏法律认可与保障。

在电子文件开发利用方面，《中华人民共和国政府信息公开条例》（2007）没有涉及国家行政机关之外的其他公共部门（如党务、人大、政协等）的信息公开问题；而且只属于国务院规章，尚未上升到国家法律的层次。《中华人民共和国政府信息公开条例》第十八条规定："属于主动公开范围的政府信息，应当自该政府信息形成或者变更之日起 20 个工作日内予以公开。"但是，法律效力更高的《中华人民共和国档案法》第十九条却规定："国家档案馆保管的档案，一般应当自形成之日起满三十年向社会开放。"

3.4.2　标准建设滞后

我国已经出台了关于档案管理的 12 项国家标准和 37 项行业标准，但是与电子文件管理相关的只有以下 5 项（其中国家

标准 3 项、行业标准 2 项):

(1)《CAD 电子文件光盘存储、归档与档案管理要求——第一部分:电子文件归档与档案管理》(GB/T 17678.1-1999);

(2)《CAD 电子文件光盘存储、归档与档案管理要求——第二部分:光盘信息组织结构》(GB/T 17678.2-1999);

(3)《电子文件归档与管理规范》(GB/T 18894-2002);

(4)《纸质档案数字化技术规范》(DA/T 31-2005);

(5)《公务电子邮件归档与管理规则》(DA/T 32-2005)。

国家档案局在《全国档案信息化建设实施纲要》(2002)中提出,在"十五"期间制定 14 项档案信息化的规章与标准,但是截至目前只完成了其中的 6 项,不到计划的一半。

在关系电子文件管理全局与核心的电子文件管理元数据标准方面,许多行业、地方已经颁布或正在制定的元数据标准缺乏科学性与专业性,不能全面保障电子文件的真实性、可靠性、完整性与可用性;而且由于这些行业性标准的"捷足先登"与互不一致,使得国家档案局正在组织起草的、旨在保证电子文件真实性、可靠性、完整性与可用性的电子文件管理元数据国家标准,先天就面临着各行业部门不遵循的危险。

尤其值得注意的是,当前我国许多已经颁布或正在制定的、涉及电子文件管理的各种标准,或多或少地存在简单套用纸质文件管理技术方法的倾向,使得这些标准非但不能推动我国电子文件管理的发展,而且还将制约我国电子文件管理水平的提高。

法规与标准建设落后,致使电子文件管理过程中无法可依、无章可循,而且加深了各地区、各单位电子文件管理的不协调性,从而导致电子文件管理失控的潜在风险。

3.4.3　监督制度缺失

我国电子文件管理的诸多问题还源于没有建立一套完善的电子文件管理监督体系。

基本术语

电子文件管理系统 （electronic records management system）

电子文件管理系统是指"收集、组织、记录电子文件信息并对其进行分类，以利于电子文件保存、检索、使用和处置的计算机应用系统"（DA/T 32-2005《公务电子邮件归档与管理规则》）。

电子文件管理系统有狭义和广义之分。所谓狭义的电子文件管理系统是以信息技术为支持，能够对机构内产生的电子文件、档案部门保存的电子档案进行严谨完善的管理，保证电子文件的行政有效性和法律证据性的计算机软、硬件系统，尤其是指相应的软件程序。

广义的电子文件管理系统是以电子文件管理软件（狭义的电子文件管理系统）为主体，包括所有与电子文件管理有关的技术、管理、法律、标准、人员等相关因素在内的，以保证电子文件的行政有效性与法律证据性、保证电子文件的有效存储与高效利用为目的的宏观系统。

资料来源：于丽娟：《电子文件管理系统初探》，载《浙江档案》，2001（9）。

一是没有进行电子文件管理系统检测。我国目前尚未出台电子文件管理系统的功能认证标准和方法，而现有的档案管理软件测评工作缺乏专业标准支持，尺度宽松，流于形式，不能满足电子文件管理的需要，导致市场上所谓的"电子文件管理系统"泛滥。在课题组进行的问卷调查中，近70％的单位认为本单位使用的系统是电子文件管理系统，但是通过问卷中其他问题的佐证，我们发现这些系统都不能实现电子文件管理系统的基本功能。

二是没有建立电子文件管理责任体系。我国许多单位没有明确的电子文件管理领导责任，没有将保证电子文件真实性、可靠性、完整性与可用性的职责纳入相应的档案人员、业务人员、信息人员的岗位职责范围。一些单位虽然规定了相关部门、领导和员工的电子文件管理职责，但是并未将其纳入相应的绩效考核范围，更未建立责任追究制度，从而使这些规定形同虚设。

三是没有建立电子文件资产审计制度。电子文件是一个机构甚至国家的重要信息资产。电子文件应该如同有形资产一样能被清点、统计、评估和审计。但是，我国尚未建立包括电子文件在内的信息资产审计制度。各单位进行资产审计时，电子文件被排除在审计范围之外。电子文件即便流失也无从知晓、无法估算。

由于责任不明、考核失效、审计不力，各部门和工作人员缺乏电子文件管理的责任感和积极性，致使大量电子文件处于无人关心、无人负责的自生自灭的状况。

3.5   支撑因素：研究薄弱、人才匮乏

3.5.1   理论研究与技术开发落后

电子文件管理是一个复杂的系统工程，需要科学的理论和先进的技术支撑。西方发达国家早从 20 世纪 70 年代就开始了电子文件管理研究，20 世纪 90 年代以来又进一步展开了跨国家、跨机构、大规模、高层次、全方位的电子文件管理研究（如 InterPARES 项目），提出了一系列思想理论，开发了较成熟的技术方法，有力地支撑了它们的电子文件管理实践。同时，它们还积极与其他专业技术部门合作，在海量信息网格存储、数据仓库、格式转换、元数据仓储、数据迁移、仿真等电子文件管理关键技术上获得了充分的积累。

而我国电子文件管理研究始于 20 世纪 90 年代中后期，起步晚、基础差，没有引起档案学之外的法学、信息技术、行政管理、工商管理等其他学科专家的足够重视，有实力的研究团队屈指可数。理论研究的落后，使得我国很多文件、档案管理人员对电子文件的属性、管理特点和发展趋势认识模糊，对电子文件管理系统建设缺乏清晰的思路和科学的规划，许多管理项目因缺少基础研究的支撑而定位失当，从而极大地制约了我国电子文件管理实践的发展。而且，我国在电子文件管理的技术储备方面也十分落后，对于电子文件真实性保障与永久保存等核心技术没有投入专门的力量进行研究，而是将其视同于一

般性信息技术。这种状况还导致我国在电子文件管理领域的国际标准制定与国际项目合作中缺乏应有的影响力与话语权。

3.5.2 人才培养不足

电子文件管理需要一支高素质的复合型人才队伍。而我国尚未建立专门的、成规模的文件管理职业，文件管理职责主要由档案人员承担。根据官方统计数据，截至 2005 年，我国 3 052 个各级档案行政管理部门，3 994 个各级各类档案馆，18 794 个省直以上机关档案机构，共有专职档案人员 89 623 人。其中，博士研究生毕业 56 人，占总人数的 0.06%；硕士研究生毕业 658 人，占 0.73%；研究生班研究生毕业 803 人，占总人数的 0.9%；双学位毕业 262 人，占 0.29%；大学（含大专）及以下共 87 844 人，占 98.02%。如表 3—4 所示。

表 3—4 　　　　　　我国专职档案人员文化程度一览表

文化程度	人数	占总人数比例（%）
博士研究生毕业	56	0.06
硕士研究生毕业	658	0.73
研究生班研究生毕业	803	0.90
双学位毕业	262	0.29
大学（含大专）及以下	87 844	98.02
合　计	89 623	100

资料来源：国家档案局：《档案事业机构、人员情况综合年报》（2005 年度）。

上述 89 623 名专职档案人员中，具有大专以上（含大专）档案专业程度的有 16 205 人，占总人数的 18.08%；具有中专及职业高中档案专业程度的有 2 636 人，占总人数的 2.94%；接受过在职培训教育的有 33 338 人，占总人数的 37.2%；未接受过档案专业教育或培训的有 37 444 人，占总人数的 41.78%。如表 3—5 所示。

表 3—5 　　　　　　我国专职档案人员档案专业程度一览表

档案专业程度	人数	占总人数比例（%）
具有大专以上（含大专）档案专业程度	16 205	18.08
具有中专及职业高中档案专业程度	2 636	2.94

续前表

档案专业程度	人数	占总人数比例（%）
接受过在职培训教育	33 338	37.20
未接受过档案专业教育或培训	37 444	41.78
合　计	89 623	100

资料来源：国家档案局：《档案事业机构、人员情况综合年报》（2005 年度）。

由表 3—4、表 3—5 可见，作为电子文件管理主力军的专职档案人员队伍中高端人才很少，整体的专业水平也很低。

典型案例

基层档案人员的素质

2004 年，上海市某区档案局全区 69 个委、办、局和街道办事处等进行了电子文件管理情况的普查。普查过程中，尽管调查表附有详细的填表说明，但收回的调查表仅有 1 份完全符合要求，因为填表的基层档案人员连最基本的计算机术语都不理解。调查人员不禁感叹，基层档案人员的素质亟待提高。

资料来源：本课题组的调研与访谈。

事实上，自 2001 年中国人民大学冯惠玲教授主编的第一本电子文件管理教材——《电子文件管理教程》的出版算起，我国正式的电子文件管理教育只有不到八年的时间。上述专职档案人员绝大多数人没有系统学习过电子文件管理知识。因此，我国真正能胜任电子文件管理的人才十分匮乏，极大地制约了我国电子文件管理的可持续发展。

第 4 章

对　策

为提高我国电子文件管理水平与质量，应根据电子文件的特性、运动规律和特有风险，借鉴其他国家先进经验，结合我国具体情况，从解决现存问题出发，以制度建设为重心，构建我国电子文件管理体系。中国特色的电子文件管理体系，由价值层、运行层和保障层构成。价值层主要是指正确的电子文件意识；运行层包括纳入机制、集中统一管理原则、合作协调机制、共建共享机制等；保障层由监督审计、法规标准、理论研究与技术开发、人才培养等组成，如图 4—1 所示。

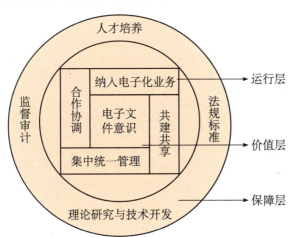

图 4—1　我国电子文件管理体系的基本构架

　　我国电子文件管理体系是一个有机整体，它以确保电子文件真实、完整、可靠、可用，实现电子文件的效力为导向，以更新思想观念为前提，以纳入机制为核心，以集中统一管理为基石，以机构合作协调为条件，以项目共建共享为突破，以监督审计为保障，以法规标准为依据，以理论研究、技术开发与人才培养为支撑，追求电子文件管理的科学化、专业化和规范化。

4.1　更新思想观念

　　意识落后、观念陈旧是导致我国电子文件管理问题的思想根源，因而增强意识、更新观念，树立对电子文件的正确认识，是促进我国电子文件管理发展的思想前提。

4.1.1　正确认识电子文件兴起的历史必然

　　人类社会不断发展进步，记录方式也在不断发展演变。在中华文明的历史长河中，结绳刻契取代口耳相传，甲骨金石取代结绳刻契，简牍缣帛又取代甲骨金石，然后纸张一统天下。当一种新的记录载体与记录技术刚刚出现时，人们往往受到长期的传统习惯影响，对这种新的记录载体与记录技术持有怀疑与抵制心理。例如，我国早在东汉时期的公元 105 年蔡伦就改进了造纸技术，开始使用纸张书写文件，魏晋以后纸质文件逐渐增多。尽管纸张价格低廉、书写轻便，但是由于传统的思维惯性与行为习惯，人们仍觉得纸张不如简牍缣帛庄重正式。东汉人崔瑗，因家贫无资使用缣帛，以纸抄书赠送友人，特意附信表示歉意："贫不及素，但以纸耳"。官府公文也仍以简牍为主。但是，新事物最终会战胜旧事物，新的记录方式最终会取代旧的记录方式。到了东晋末叶的公元 403 年年底，桓玄代晋自立，颁发诏令称："古无纸，故用简，非主于敬也"（《渊鉴类函》卷二〇五）[①]。自此，中国社会完全进入"纸质文件"与"纸质文明"时代。

---

① 参见周雪恒：《中国档案事业史》，144～145 页，北京，中国人民大学出版社，1994。

"电子诉状"不敌"白纸黑字"

深圳市中级人民法院官方网站 2002 年推出的"网上立案"板块正遭遇始料未及的冷清局面。自今年 2 月 8 日开通至今,深圳市尚无一人通过该"新潮方式"向法院提交诉状及相关证据,用传统的"白纸黑字"、"一纸诉状"打官司似乎更合老百姓口味。……

深圳市某律师事务所朱律师对完善后的"网上立案"方式继续提出质疑:根据我国有关法律规定,只有按规定格式提交的纸介质的法律文件才有法定效力。因此,网上提供的电子诉状和证据的法律效力将面临新的问题。据了解,通过网络传送的起诉状和相关证据要得到法律上的确认,首先要保证电子文件的真实性和不可篡改性。

资料来源:陈阳阳:《深圳市中院"网上立案"无人问津》,载《北京晚报》,2002-03-14。

纸质文件全面取代简牍文件用了 300 年左右的时间,而电子文件取代纸质文件只需数十年。1946 年世界上第一台电子计算机在美国诞生。1998 年,美国通过了《政府文书削减法》,要求美国政府在未来五年内实现无纸化办公。1999 年,英国政府发表《政府现代化白皮书》,提出所有政府机构的文件要在 2004 年全部实现电子化。[①]

新的记录方式取代旧的记录方式,既是人类历史发展的必然,也是人类社会进步的标志。我们应该顺应时代发展的潮流,正确认识与积极应对电子文件的挑战。

4.1.2　树立对电子文件的信任与管理电子文件的信心

首先,我们必须认识到电子文件不是"子虚乌有"。尽管它具有信息的非人工识读性、易变性、易逝性等特征,但它仍是一种实实在在的记录;只要进行科学的管理,电子文件如同纸质文件一样是可靠的、可信的,是可以作为证据被生成与保

---

① 参见北京市信息资源管理中心,中国人民大学信息资源管理学院:《国外政府信息资源开发利用的政策与实践研究》,2005(未公开出版)。

存的。

其次，我们必须认识到电子文件也不是"洪水猛兽"。尽管它十分脆弱、相当复杂，但并非不可控制、不可管理；它既然是由人们所产生的，也必然能被人们所管理。而且许多理论与实践表明，随着管理方法的完善与信息技术的进步，人们能够有效地管理电子文件。① 例如，随着电子文件元数据规范、封装技术、迁移技术的日趋成熟，电子文件对于软硬件系统的依赖逐步减少，自说明能力逐步增强，极大地推进了电子文件真实可靠、长久保存的可能。MTC 公司通过对 CD-ROM 光盘的测试得出结论：MTC 光盘的平均寿命在 300 年以上，第 145 年可读性为 95%；美国已经研制出可保存千年的"罗塞达碟"②。

4.1.3 克服对"双轨制"和"双套制"的依赖心理

当前，我国普遍采用"双轨制"和"双套制"来应对电子文件的冲击，而且许多单位有长期依赖甚至迷信"双轨制"和"双套制"的倾向，它们将本属于权宜之计、过渡措施的"双轨制"和"双套制"视为电子文件管理的法宝，并使之常态化、规范化。

我们必须认识到"双轨制"和"双套制"有着致命的缺陷，无法全面应对电子文件的运行和保管。一者，音频文件、视频文件、数据库文件、多媒体文件或超媒体文件等类型的电子文件是无法打印成纸质文件的，而且这些类型的电子文件数量将会越来越多；二者，电子邮件、电子订单等类型的电子文件即使被打印成纸质文件，也会因为原来生成于计算机系统中背景信息的丢失而丧失证据效力；三者，"双轨制"和"双套制"大大增加了工作成本，降低了工作效益。以纸张消耗为例，四川

---

① See DRAMBORA (Digital Repository Audit Method Based on Risk Assessment)，http：//www. repositoryaudit. eu/；Planets-Digital Preservation Research and Technology，http：//www. planets-project. eu/publications/search [0] =3；DPE (Digital Preservation Europe)，http：//www. digitalpreservatio-neurope. eu/；Electronic Resources Preservation and Access Network，http//www. erpanet. org/.

② 参见 http：//findarticles. com/p/articles/mi＿m0GER/is＿2000＿Winter/ai＿68617256，2007-12-24；王岚：《信息化条件下档案管理的发展趋势和方向》，载《档案管理前沿与发展趋势学术报告文集》，2006（未公开出版）。

省政府估计，推行无纸化办公，一年可节省纸张 630 万张。[①] 黑龙江省政府估计，推行公文无纸化传输，一年可节省纸张 40 万张。[②] 一架运七飞机的设计、制造所产生的电子文件若全部打印成纸质文件，其纸质文件的体积超过了飞机本身的体积。

典型案例

四川推行无纸化办公遭遇观念与法律困境

"电脑办公是为了提高效率，但不管是什么文件、材料，只有打印出来、盖上章以后才会有权威性，也便于发放。"采访中，成都一家大型国企负责人的看法颇具代表性。记者调查结果也显示，"携带方便"、"符合传统阅读习惯"，是不少用纸"大户"用纸量居高不下的两种最常见的解释。……

对公众担心的"缺乏安全感"问题，有专家认为，《中华人民共和国电子签名法》出台后，"无纸化办公能不能顺利推行，关键在于人们愿不愿意主动改变自己的观念和习惯。"

必须一提的是，目前我国电子公文还无法完全做到与纸质公文有同等的效力，这也正是无纸化办公发展的瓶颈。"这些问题应尽快解决，否则电子公文将继续停留在现有水平，电子公文与纸质公文'双轨'运行时间太长，无纸化运行就难以全面实现。"

资料来源：《无纸化推行，四川距电子办公时代有多远?》，http://www.sc.gov.cn/jrsc/200707/t20070706 _ 190454.shtml 2007-12-18。

纵观世界各国，唯有中国仍然在全面推行"双轨制"和"双套制"模式管理电子文件，而课题组调查的美国、英国、澳大利亚、新西兰、瑞典、德国、荷兰、丹麦、挪威、芬兰、法国、加拿大、新加坡、日本和韩国等国均逐步推进或已经实现了"单轨制"与"单套制"模式。例如，美国国家档案馆对联邦政府机构档案的接收已完全实现电子化，对于相同内容的文件只要接收了电子文件，就不再接收相应的纸质文件，认为电

---

① 参见《无纸化推行，四川距电子办公时代有多远?》，http://www.sc.gov.cn/jrsc/200707/t20070706 _ 190454.shtml ，2007-12-18。

② 参见《省政府无纸化办公，一年节约纸张 40 万张》，http://info.paper.hc360.com/2005/12/26092328233.shtml，2007-12-24。

子文件的安全性已经达到100％。[①] 丹麦提出全面使用电子文件替代纸质文件。加拿大国家图书与档案馆只接收电子文件进馆。日本提出"绿色IT"计划，倡导无纸化办公，以减少纸张和其他物质资源的消耗。

我国应克服对"双轨制"和"双套制"的依赖心理，下定决心推动"单轨制"与"单套制"进程，尽量缩短从双轨、双套到单轨、单套的过渡时间。

4.1.4　领导干部要带头正确认识电子文件管理

信息化建设是"一把手工程"，电子文件管理也是"一把手工程"。领导干部首先要正确认识和高度重视电子文件管理，才能促进电子文件管理的发展。领导干部要克服对信息技术的恐惧与不适应心理，学会并习惯使用计算机系统起草、签发和批阅电子文件。

4.2　建立纳入机制

4.2.1　将电子文件管理纳入信息化战略

电子文件是信息化建设的产物，电子文件管理是信息化建设的有机组成内容。我国应该从信息化建设的战略高度审视电子文件管理。国外信息化的成功经验表明：在国家信息化进程中，信息技术、信息设备和信息内容（信息资源）三者的投入比为3∶7∶12。[②] 而且无论是发展信息技术，还是制造信息设备，归根结底都是为了给用户提供信息内容服务。随着信息技术的极速发展，信息内容对信息载体的依赖大为减弱。[③] 信息社会已经从"技术崇拜"时代发展到"内容为王"时代。电子文件作为核心的信息资源，在信息化建设中居于越来越重要的地位。

---

① 参见孙钢：《中国档案代表团赴美考察报告》，2007（未公开出版）。
② 参见赵霞琦：《网络环境下内容产业的环境建设》，载《情报杂志》，2004（7）。
③ 参见李晓玲：《内容产业的产生及其影响》，载《现代国际关系》，2003（5）。

诺兰模型和米歇模型

美国哈佛大学管理信息系统专家理查德·诺兰（Richard Nolan）教授通过总结 200 多个公司、部门发展信息系统的实践和经验，认为无论对于一个行业，还是对于一个国家或地区来说，信息化大体要经历初始阶段、传播阶段、控制阶段、集成阶段、数据管理阶段和成熟阶段六个发展阶段，各个阶段之间并非截然分开，也不能超越。米歇（Mische）模型是诺兰模型的补充延展。米歇模型认为信息系统由起步、增长、成熟和更新这四个阶段构成，而每一阶段在技术、代表性应用、数据库及其存取能力、IT 文化、全员素质等方面都有既定内涵。目前，这两种模型被公认为是衡量信息化发展阶段的经典理论。它们有利于企事业单位把握自己的发展水平，了解自己的电子文件系统在信息系统发展阶段中所处的位置，由此指导企事业单位电子文件管理系统的建设和战略规划。

根据诺兰模型和米歇模型这两个著名的信息化发展阶段理论，同时考察世界各国信息化发展历程，我们可以将信息化进程划分为起步、全面建设、资源整合、深度开发四个阶段。每一阶段上信息化建设与电子文件的关系如表 4—1 所示。

一方面，信息化建设水平会影响电子文件管理质量的提高；另一方面，电子文件管理水平也制约着信息化建设效益的实现。因此，信息化先进国家十分注重将电子文件管理纳入信息化战略与项目。例如，欧盟电子文件管理被纳入"电子欧洲"（e-Europe 2002）动议中，作为推动电子政务、电子商务以及欧洲文化遗产数字化的关键环节。英国将电子文件管理纳入负责国家信息化工作的"电子专员"（e-Enovy）的职责范围，制定并发布了《电子政府政策框架内的电子文件管理》（2001）。英国政府认为："有效的电子文件管理可以充分发挥电子政务的优势，促进政府机构间的有效协作、信息交换和内部运作，为决策提供有效依据，通过提供可靠的、便于共享和搜索的信息来支持政府机构的知识管理工作。"[①] 德国将电子文件管理纳入

---

① 中国人民大学信息资源管理学院：《国外政府信息资源开发利用的政策与实践研究》，2005（未公开出版）。

IVBB 联邦政府电子政务网络建设规划中，并在联邦政府在线项目（BundOnline-2005）中发展和完善电子文件管理。美国电子文件管理被纳入《电子政府法案》（2002），成为电子政务的重要内容。

表 4—1　　　　　　　　信息化建设与电子文件的关系

信息化 发展阶段	第一阶段 起　　步	第二阶段 全面建设	第三阶段 资源整合	第四阶段 深度开发
信息化建设的战略重心	开发应用单个信息系统	全面建设信息基础设施	实现信息资源的整合与共享	对信息资源进行深度开发
电子文件的状况	少量	数量累积	质量提高	数量、质量都大幅提高
对电子文件的认识	信息化的副产品	信息资源	重要的信息资源，信息化的内容支撑	信息资产，知识资产
电子文件集中管理的程度	分散	半分散	集中	集成
电子文件的开发利用	个别开发利用	多个个别开发利用	跨部门、跨机构的开发利用	全社会开发利用
中国目前的信息化发展阶段	部分地区和单位	总体水平	极少数地区和单位	

　　目前，我国信息化进程总体上处于全面建设阶段，部分信息化水平较低的地区和单位尚处于起步阶段，极少数信息化水平较高的地区和单位正向整合共享阶段发展。韩国、新加坡等新兴国家信息化建设的历程表明，信息化水平较低的国家如果遵循信息化建设的内在规律，汲取其他国家的经验教训，可以实现信息化的跨越式发展。因此，我们应该将电子文件管理纳入信息化建设战略框架，促进电子文件管理与信息化建设的良性互动、协同共进，提升我国电子文件管理水平，实现信息化建设的跨越式发展。具体来说，我们应该做好以下几个方面的工作：

　　第一，在制定国家、地区和单位信息化发展战略，规划各类具体的信息化建设项目时，应认真考虑电子文件管理的需要，充分征求档案部门的意见。

第二，将档案部门负责人列入所属地区或单位的信息化建设领导小组成员名单，并赋予其一定的发言权。例如，上海市某区档案局局长属于该区信息委成员，这使得电子文件管理被列入该区高层领导、信息委的议事日程，该区档案馆得以统一保管全区电子文件。

第三，吸收权威电子文件管理专家、档案学专家进入各信息化建设顾问与咨询专家团队，在各类信息化项目论证、评审时认真听取他们的意见与建议。

背景知识

英国《电子政府政策框架内的电子文件管理》

《电子政府政策框架内的电子文件管理》在英国公共文件署（Public Record Office, PRO）的领导下，由电子政府内的电子文件管理小组负责起草和修订。该政策2001年正式颁布，用于指导中央政府部门及其机构在构建电子政府过程中的电子文件管理。其核心观点是：电子文件是政府以电子方式服务公众、处理业务活动的重要依据，应该将电子文件作为有价值的机构信息资源和资产进行管理。政府机构必须建立互动的软件系统、标准、政策、程序和界面，实现对电子文件的管理，电子文件管理被视为支撑电子政府的一项关键技术。

4.2.2 将电子文件管理纳入电子化业务体系

电子文件是在电子化业务中产生的，并在电子化业务中被利用。它既是电子化业务的伴生物，又是电子化业务的基本工具，更是电子化业务的重要证据。因此，电子文件管理从来不是一项孤立的管理活动，而是电子化业务的内在组成部分。科学、有效地管理电子文件，必须将电子文件管理纳入电子化业务体系。

通过立法和标准，将电子文件管理纳入电子政务、电子商务等事务活动体系，保证电子文件的证据效力，这是信息化先进国家的共同做法。例如，美国在《电子政府法案》（2002）中将电子文件管理纳入电子政府运行框架，在会计、银行、证券、保险、医疗、制药等各领域的法规中强调将文件作为事务活动的证据进行创建与保存；英国在《电子政府政策框架内的电子文件管理》（2001）中要求各政府机关将电子文件管理的设备与程序整合进电子政府的业务流程中；加拿大通过《统一电子证据法》（1998）、《统一电子商务法》（1999）、《证据法》（2000）、《关于加拿大政府计划、活动及结果文件管理标准的制定：业务管理者与文件专业管理者指南》等将电子文件管理纳入事务活动法规体系；韩国电子文件管理被纳入《业务管理规定》（2005）、《办公管理规定》（2007）、《电子贸易基本法》（2002）、《电子政府法》（2001）和《电子签名法》（2005）等，成为政府部门、企业日常事务活动的有机组成部分，既保证了日常事务活动的合法性与可信度，又保证了电子文件管理的效率与质量。《ISO/TR 26122 文件过程分析》（2008），将文件管理融入业务活动。上述这些已成为文件管理的国际最佳实践规范。

背景知识

> ### 加拿大《关于加拿大政府计划、活动及结果文件管理标准的制定：业务管理者与文件专业管理者指南》
>
> 该指南由加拿大国家图书馆和档案馆下属的管理机构和政府文件部于 2007 年起草。该指南反映了加拿大政府将文件管理纳入公共管理的最新动态。其目的是为加拿大政府业务工作者与文件管理者提供文件管理指南，在政府范围内建立规范化的文件管理方法，遵循政府文件管理规定和加拿大图书馆与档案馆法；在国家公共事务管理中支持决策要求、问责制、财务管理、绩效评估。文件管理被视为机构能力建设的基本工具和重要资源。

将电子文件管理纳入电子化业务体系，要求我们做好以下工作：

第一，在有关电子政务、电子商务的法规、标准中明确规定，在具体的业务操作过程中，应该生成哪些必要的电子文件，如何生成这些电子文件，应该保存哪些必要的电子文件，如何保存这些电子文件，从而将电子文件管理活动嵌入业务流程中。

第二，将有关电子文件管理职责列入相应业务工作人员的岗位职责范围，而不是将电子文件管理视为仅属于文书人员、档案人员、信息人员的专业工作。

4.2.3　将电子文件纳入信息资源开发利用体系

很多国家高度重视电子文件的资源价值，从政策上鼓励各种形式的开发利用，政府也投入大量人力、物力和资金组织，建立了数量庞大、专题众多的数据库，供广大公众利用。如美国国家档案与文件管理署（NARA）的"档案利用数据库"（Access to Archival Database，AAD）包含了由 30 多个联邦机构产生的 8 500 万件电子文件在线提供利用。英国公共档案馆的"网上文件"（Documents Online）数字化文件库，在线提供数百万份公共文件。西班牙印第安总档案馆已经有 1 000 万件档案在因特网上供利用。[1] 日本亚洲历史资料中心已经将日本国立公文书馆等机构所藏 67 万件档案数字化，形成了拥有 1 000 万幅图像的全文数据库，在因特网上供利用。[2] 这些电子文件数据库不仅大大提高了国家信息资源的数量和质量，也使政府公务人员、科学研究人员和公众从中受益。

背景知识

电子文件利用数据库 AAD

美国国家档案与文件管理署（NARA）的档案利用数据库是为了实现 NARA 的任务，即为公众提供对重要证据的便捷获取（ready access to essential evidence）而开发的，是在美国"电子文件档案馆项目"（Electronic Record Archives Program，ERA）的支持下发展起来的第一个公开性可利用的应用系统。2003 年 4 月 8 日，NARA 正式发表 AAD 的使用通知。目前，AAD 在线提供 30 多个联邦机构产生的各个主题的 49 个档案系列 8 500 万件原生性电子文件，约 475 个数据

---

① 参见 http://www.archives.gov/aad，2008-06-16。

② 参见冯惠玲：《档案信息资源在国家经济社会发展中的综合贡献力及有效开发》，载《档案学研究》，2006（3）。

案卷，大部分为 20 世纪 60 年代以来形成的电子文件。AAD
提供以数字形式生成的原生性电子文件全文在线利用，不包
含数字化扫描的纸质文件图片、照片、缩微胶片及其他非电
子文件。AAD 平均每天完成 5 000 个查询，在电子政务检索
方面获得 61％ 的公众满意度。

　　资料来源：Access to Archival Databases（AAD）网站，http：//
www. archives. gov/aad，2008-06-16。

　　2004 年 12 月 12 日中共中央办公厅、国务院办公厅发布的
《关于加强信息资源开发利用工作的若干意见》（中办发［2004］
34 号）对于开发信息资源的战略意义和政策导向作出了深入的
阐释，我国在推进信息资源开发利用的过程中应高度重视电子
文件这一数量庞大并具有独特价值的战略资源，将其纳入开发
利用的总体战略部署和实施推进中。

4.2.4　将电子文件风险纳入风险管理框架

　　根据德国社会学家乌尔里希·贝克（Ulrich Beck）等人的
观点，随着科学技术的高速发展和全球化的扩展，人类社会已
经开始进入一个充满"人为的不确定性"（manufactured uncer-
tainty）的"风险社会"（risk society）。技术的不断发展，在为
人们不断提供应付传统自然风险的新手段的同时，也在不断制
造着新的风险。与传统风险相比，现代风险在本质、表现形式
和影响范围上已经有了很大不同，它们更难预测、更难捉摸，
并且影响的范围更加宽广，带来的破坏性更为严重。更有甚者，
风险社会的到来导致了社会理念基础和人们行为方式的改变：
对增长的盲目乐观必将被更加审慎和全面的发展观所取代；过
去的经验已不足以成为当前行为的依据和理由，人们当前的行
为选择同时还受到对未来预期的影响。可以说，现代风险已经
从制度上和文化上改变了传统现代社会的运行逻辑。①

---

　　①　参见［德］芭芭拉·亚当，乌尔里希·贝克，约斯特·房·龙：《风险社会及其超载：社会理论的
关键议题》，1～2 页，北京，北京出版社，2005。

"风险社会"理论告诉我们：在现代社会中，国民经济的良性运行，社会政治的和谐稳定，文化科技的繁荣发展，都离不开有效的风险管理措施和系统的治理手段。而"风险社会"的来临，对传统的风险管理机制又提出了新的挑战。建立符合风险社会需要的新型风险管理体制，已经成为一项紧迫的任务。[①]

在现代社会，电子文件管理领域的风险也十分突出。许多事实已经证明：电子文件风险事故不仅会导致电子文件自身的基本损失，而且会造成历史文化、政治、经济、军事安全等方面的连带损失；不仅能导致电子文件形成机构的直接损失，而且势必造成电子文件形成机构以外的社会公众的间接损失。[②] 因此，国际文件管理领域十分关注电子文件的风险管理。2001 年国际标准化组织出台的《信息与文献——文件管理》（ISO 15489：2001），强调对文件风险进行评估、分析与应对。

2004 年，国际文件管理者与行政工作者协会 ARMA 出版了《文件与信息的风险管理》，为各国文件管理人员提供风险管理方法论指导。2004 年，该协会制定了《信息资源管理风险自我评估》（Risk Profiler Self-Assessment for IRM，2004）。目前欧洲数字保护中心（DCC）和欧洲数字保护（DPE）课题组已研制出《基于风险评估的数字仓储审计方法》（Digital Repository Audit Method Based on Risk Assessment，DRAMBORA，2007），并提交 ISO/TC46/SC11。《基于风险评估的数字仓储审计方法》对于保证机构评估其业务背景下文件产生与控制的要求，开展支持风险管理的文件管理，实施 ISO 15489 和 ISO 23081（《信息与文献——文件管理流程——文件元数据》）有积极的推动作用，为此，ISO/TC46/SC11 已成立特别工作组，开展该规范转为国际标准的相关研究。中国人民大学信息资源管理学院课题组 2003—2006 年在大量调查研究的基础上完成了国家社会科学基金重点项目"电子政务系统中文件管理风险分析与对策研究"，较为系统地提出了电子文件管理风险的识别、评估、防范、应对的框架和对策。

---

① 参见［德］芭芭拉·亚当，乌尔里希·贝克，约斯特·房·龙：《风险社会及其超载：社会理论的关键议题》，1~2 页。

② 参见冯惠玲：《电子政务系统中文件管理风险分析与对策研究报告》，2004（未公开出版）。

背景知识

《基于风险评估的数字仓储审计方法》

由欧洲数字保护中心（DCC）和欧洲数字保护（DPE）课题组研制。包括三个核心部分和四个重要附录。第一部分介绍了数字存储的概念及基于风险的审计方法的思想和审计工具的研制进展，第二部分规划了审计的过程，第三部分为如何开展审计工作和研制审计工具提供了建议。附录1提供了为审计工具研制做出努力的工作团队，附录2提供了一套支持自审计工作开展的工作模板，附录3提供了数字仓储风险审计表的模板，附录4提供了写作审计报告的框架结构。

为提高我国电子文件风险意识与风险管理能力，应该将电子文件风险管理纳入整个国家或机构的风险管理框架。也就是说，将包括电子文件安全在内的信息安全视为"国家安全体系中关键要素"[1]，从战略层面上对其予以高度重视；在各类信息化项目或信息系统评估中，将包括电子文件风险在内的信息风险列作重要评估内容，并根据评估结果采取相应的风险防范措施，从而从战术层面上对电子文件风险进行有效评估与防范。

4.3　强化集中统一管理原则

为克服分段式、分散式电子文件管理模式的弊端，需要强化集中统一管理原则。集中统一管理是我国档案工作的优良传统和基本原则。在纸质时代，集中统一管理原则包括三层含义：（1）国家档案按规定分别由各级、各类档案保管机构集中管理；（2）全国档案工作在各级人民政府领导下，由各级档案行政机构统一、分级、分专业管理；（3）对党政档案和党政档案工作实行统一管理。[2]

---

[1]　曹刚川：《信息安全成为国家安全体系中关键要素》，http：//news. xinhuanet. com/mil/2007-04/25/content＿6023885. htm，2007-11-28。

[2]　参见冯惠玲，张辑哲：《档案学概论》（第二版），76～77页，北京，中国人民大学出版社，2006。

在电子时代，集中统一管理原则应该在原有含义的基础上进行更新、拓展和完善：一是从对档案（管理对象）的统一管理扩大到对整个电子文件管理过程的统一管理，即强调由档案部门全程监控电子文件管理；二是从机构层面的集中管理扩展到国家层面的集中管理，即强调构建国家电子文件资源体系。

4.3.1 由档案部门全程监控电子文件管理

首先，由档案部门全程监控电子文件管理是电子文件运动客观规律的内在要求。电子文件生命周期（lifecycle of electronic records）理论告诉我们：（1）电子文件从其形成到销毁或永久保存是一个完整的、不可割裂的运动过程；（2）这一过程可以根据电子文件的功能和价值形态的变化划分为若干阶段，对不同阶段的管理需求应该统筹实现；（3）电子文件在每一阶段因其特定的功能和价值形态而具有不同的服务对象与服务方式，但电子文件运动的阶段性与其物理位置、保存场所没有必然的对应关系；（4）电子文件生命周期全程的管理和监控措施由电子文件管理系统实现，因此，电子文件管理活动应该向前延伸到电子文件管理系统的设计阶段。[1] 相对于传统文件生命周期理论，电子文件生命周期理论更加强调电子文件运动过程和电子文件管理过程的整体性，而模糊其阶段性。

文件连续体（records continuum）理论指出，电子文件"往复运动于从生成到处置的连续体中的一个过程"，电子文件运动的各阶段相互关联、相互影响、相互转化，应该构建"从文件形成（包括文件形成前文件管理系统的设计）到文件作为档案保存和利用的管理过程中连贯一体的管理模式"[2]。文件连续体理论进一步强调电子文件运动过程与电子文件管理过程的整体性、连续性与集成性，提倡档案人员提前参与或介入电子文件管理，要求对电子文件的管理与监控在电子文件生成的同时或之前就开始。

---

① 参见冯惠玲：《政府电子文件管理》，9～10 页，北京，中国人民大学出版社，2004。

② Frank Upward，Structuring the Records Continuum：Post-Custodial Principles and Properties，*Archives and Manuscripts*，Vol. 24.

背景知识

文件连续体理论

文件连续体理论的发展经历了四个阶段：20世纪50—60年代连续体意识萌芽；20世纪80年代连续体术语流行；20世纪90年代连续体思想与模式建立并应用；21世纪连续体理论创新发展。各阶段的代表性观点及主要贡献是：第一阶段，澳大利亚档案专家迈克莱恩提出了档案管理与文件管理间的连续性问题；第二阶段，加拿大档案专家阿瑟顿指出了生命周期模式将文件管理相互分离的致命弱点，分析了连续体思想提出的必要性；第三阶段，澳大利亚学者厄普奥德构建了文件连续体优化管理模式（1996）；第四阶段，连续体理论在广泛用于指导电子文件和数字档案管理的基础上有了创新性发展。

基于电子文件生命周期理论与文件连续体理论的认识，国际档案界普遍认为，电子文件管理必须遵循全程管理原则与前端控制原则。全程管理原则是指要对电子文件从其产生、流转到永久保存或销毁的整个生命周期进行全过程的管理，形成一套无缝衔接、系统完整的管理链条。前端控制是指为了确保电子文件的完整齐全、真实可靠，档案部门和档案工作者应该从电子文件生成之初（甚至是电子文件管理系统设计之初）就对电子文件进行前期的监督与控制。

其次，由档案部门全程监控电子文件管理符合业务流程优化的基本精神。1993年美国著名管理学者迈克尔·哈默与詹姆斯·钱匹提出了"业务流程重组"（business process reengineering）理论。他们认为，在顾客需要发生变化、竞争加剧、企业面临的变化本身也在变化的情况下，企业需要从根本上思考并彻底重构业务流程，以提高组织整体绩效。其后，西方"新公共管理"学者在"用企业精神改造政府"的口号下也主张，为克服政府管理中政出多门、职能分割、行政过程欠缺规范的弊病，应该优化政府管理活动的业务流程（包括其背后的管理体制、结构与制度等），使之具有整体性、统一性，实现透明化、高效化。

当前，信息技术革命与电子文件兴起，整个文件管理的内外环境与需求发生了巨大变化，传统的分段式文件管理流程显露出诸多弊端，因而必须优化文件管理的业务流程。

档案部门居于文件管理流程的后端，而且是最终永久保管文件的专业部门。保障电子文件真实性、完整性、可靠性和可用性的许多要素贯穿于文件管理的各个阶段。因而，基于业务流程优化的理论，应该从考虑档案部门的专业需求出发，梳理整个文件管理流程；应该由档案部门负责全过程监督整个文件管理流程，提前控制文件管理质量。

最后，由档案部门全程监控电子文件管理是信息化先进国家电子文件管理的基本经验。例如，美国、加拿大、瑞典、英国、澳大利亚、新西兰、芬兰、丹麦、荷兰、韩国、意大利、德国等国均通过制定档案法、文件法、信息管理政策等，授权国家档案馆负责国家公共文件的全程管理规划、标准制定，以及文件档案管理规章与规范的实施情况监督和指导。

贯彻由档案部门全程监控电子文件管理的原则，我们建议从以下方面着手：

一是将各级"档案局"更名为"文件与档案局"，使档案部门全程监控文件管理"名正言顺"。当前，在我国实行档案部门全程监控文件管理遇到的一大障碍即是，绝大多数人不能正确认识"文件"与"档案"、"文件管理"与"档案管理"的关系，不能理解档案部门监督文件管理的必要性。将"档案局"更名

背景知识

美国国家档案与文件管理署

美国国家档案与文件管理署（National Archives & Records Administration，NARA），1949年由美国国家档案馆改组而成，原名国家档案与文件局，为联邦总务署的直属局，国家档案馆则成为该局的一个组成部分。1984年美国国会通过该局脱离联邦总务署而独立的法案，1985年正式成为联邦政府直属的一个独立部门，并改称现名。它是联邦政府档案工作行政管理的领导中心和最高管理机构，它不仅直接管辖国家档案馆及地区分馆、联邦文件中心和总统图书馆，而且依法制定并组织实施国家档案与文件管理规定与标准，对联邦政府机关及派出机构的文件管理进行指导和监督。

为"文件与档案局"，有利于避免名分上的尴尬。例如，美国的"国家档案与文件管理署"，从其名称上就意味着对文件与档案一体化、全过程的管理。

背景知识

新西兰《公共文件法》

新西兰《公共文件法》2005年实施，取代了1957年制定的《档案法》及1974年制定的文件与档案规定。该法案规定，所有公共机构和地方权威机构都必须遵循以下规定：应该按业务规范形成和维护完整与准确的文件，并同时保证其可获取与再利用；对公共文件的处置应得到国家档案馆馆长的授权。满25年的文件应该移交国家档案馆保存，文件可以按密级分为开放利用或受限利用。国家档案馆馆长可以制定强制性标准，各机构必须执行，并按该标准进行审计。从2010年开始，每5～10年对机构的文件管理实践实行第三方审计。档案馆馆长有权检查公共机构的文件管理状况或要求公共机构汇报其文件管理任何方面的内容。从2005年开始国家档案馆馆长每年需要向议会提交政府文件管理的陈述年报。

二是修订《中华人民共和国档案法》（1996）及其他相关法规，明确赋予档案部门全过程管理和前端控制文件的职权，使档案部门全程监控文件管理"于法有据"。例如，新西兰制定了《公共文件法》（2005）、《公共文件法指南》（2006），取代了其《档案法》（1957）；韩国制定了《公共文件管理法》（2006）；英国制定了《关于国家文件和档案的立法：改变文件和档案管理现行立法规定的建议》（2003）；加拿大政府修订了《加拿大信息管理政策》（2007），取代其2003年版，强调了授权国家图书馆和档案馆对电子文件实施全程管理，指导政府公共管理中文件管理标准的制定与实施。

党的十七大提出了"大部制"改革设想。"大部制"是指在政府部门设置上，将那些职能相近、业务范围趋同的事项相对集中，由一个部门统一管理，最大限度地避免政府职能交叉、政出多门、多头管理，从而提高行政效率，降低行政成本。这是中国行政管理体制改革在新的历史条件下适应市场经济发展的一个新举措。将"档案局"更名为"文件与档案局"，将档案局的职能拓展至文件的全过程管理，与"大部制"改革思路相符。

4.3.2　构建国家电子文件资源体系

从机构层面来看，在纸质时代世界各国的档案管理都遵循一条最基本的原则——全宗原则（principle of fonds）或来源原则（principle of provenance）。全宗原则强调一个机构形成的全部档案是一个不可分割的有机整体。在电子时代，我国应该坚持并强化这一原则，确保各个机关、团体、企事业单位的电子文件集中于档案部门保管，而不是分散于不同部门或个人手中。

基本术语

来源原则

来源是指"向文件中心或档案馆移交文件之前，在业务活动过程中形成、保管和利用文件的组织或个人"（国际档案理事会《档案术语词典》），即通常所说的档案形成者。来源原则是指档案馆按照档案的来源进行整理和分类，要求保持同一来源的档案不可分散、不同来源的档案不得混淆的整理原则。

从国家层面来看，全世界有分散式和集中式两种档案管理体制。以美国、英国为代表的国家实行分散式档案管理体制。以中国为代表的国家实行集中式档案管理体制，发展了"国家档案全宗"（"国家全部档案"）的概念，主张归国家所有的全部档案，由国家集中管理。

但是，20 世纪末以来世界各国日益清楚地认识到：集中管理电子文件，对于提高信息时代国家对内的资源控制力与对外的综合竞争力具有十分重要的意义。因而，"集中管理具有永久保存价值的电子文件成为越来越多国家的共识和实践"，原来采用分散式管理的国家纷纷向集中式靠拢[1]，甚至国家集中管理的

---

① 参见冯惠玲，钱毅：《关于电子文件管理顶层设计的若干设想》，载《中国档案》，2007（4）。

档案范围扩大到私人档案领域。例如，澳大利亚在 1983 年的《档案法》中，将所有与澳大利亚历史有关的档案全部纳入"联邦档案资源"（archival resources of the commonwealth）范围。①加拿大提出"总体档案"（total archives，也译为"整体档案"、"全体档案"）的概念，"全加拿大几乎所有的公共档案馆，包括国家、省、地区、市、大学以及区档案馆，都要求把'全体'档案列入其工作职责。全体档案既包括公共或其出资机构的文件，又包括相关的私人部门的文件，另外还要把各种类型的记录（如电影、电视、绘画、录音等，这些形式的国家档案在许多国家是由若干档案馆分别保存的）考虑在内。"②

背景知识

总体档案

"总体档案"这一术语由法国档案学院的 R. H. 鲍蒂埃教授（Robert-Henri Bautier）在 1970 年耶路撒冷召开的第十二次国际档案圆桌会议上首次使用。鲍蒂埃教授认为，现在，"在依然继续服务于史学的同时，档案工作者已经建立或者重新建立了与产生文件的机构的紧密联系。"另外，"他不再把自己仅仅局限于书面记录上，也不仅仅局限于公共来源的文献上，甚至不局限于具有永久价值的文件，这时总体档案的概念就很明显了。""总体档案"的概念较为明显地体现于加拿大公共档案馆。

资料来源：［加］威尔弗莱德艾·史密斯：《"总体档案"：加拿大的经验》，载《档案学通讯》，2001（4）。

为了构建国家电子文件资源体系，确保国家对电子文件资源的控制能力，我国应该尽快启动"国家电子文件中心"工程。即构建"国家电子文件中心"，接收中央和国家机关的电子文件，以确保对国家与社会最具价值的电子文件的集中长久保存和有效利用。然后，以"国家电子文件中心"为示范、中心与枢纽，构建覆盖全国范围、连通各级各类电子文件中心的电子

---

① 参见付华：《国家档案资源建设》，中国人民大学博士学位论文，2005。
② ［加］特里·库克：《铭记未来——档案在建构社会记忆中的作用》，载《外国档案工作动态》，2001（3）。

文件资源体系，以及电子文件管理与服务网络。

4.4 加强合作协调机制

4.4.1 理顺各部门间分工与协作关系

必须明确各级政府和各单位内部的档案部门、业务部门、信息部门、绩效管理部门①等在文件管理方面的职责，理顺它们相互之间的分工与协作关系。具体来说：

——档案部门负责指导、监督和检查各业务部门电子文件的生成和归档工作，并接收其中具有永久保存价值的电子文件集中保管，为各机关和公众提供电子文件利用服务；

——各业务部门接受档案部门有关电子文件管理的指导、监督与检查，并按照统一的要求向其移交电子文件；

——档案部门向信息部门提出信息系统电子文件管理功能需求与评价标准，并审核其开发或采购的信息系统的电子文件管理功能；

——信息部门根据档案部门提出的需求与标准，为其提供开展电子文件管理所需的信息设施和信息技术支撑；

——信息部门批准或提供各业务部门合格（具有电子文件管理功能）的信息系统及相关设施与技术支撑；

——绩效管理部门对档案部门、信息部门和各业务部门进行电子文件管理绩效考核和电子文件资产审计；

——档案部门协助绩效管理部门制定电子文件管理绩效考核方法、电子文件资产审计方法。

以上内容如图 4—2 所示。

---

① 在不同地方政府、不同单位，绩效管理部门各不相同。大多数单位由人事部门负责绩效管理，有的单位设有专门的绩效管理机构，有的单位由督查部门负责绩效管理。

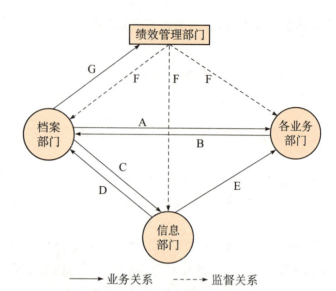

图4—2　电子文件管理相关机构分工与协作关系图

A：指导、监督和检查其生成、归档电子文件；接收归档电子文件；为其提供电子文件利用服务。

B：接受其有关电子文件管理的指导、监督与检查；向其移交归档电子文件。

C：向其提出信息系统电子文件管理功能需求与评价标准，并审核其开发或采购的信息系统的电子文件管理功能。

D：向其提供开展电子文件管理所需的信息设施和信息技术支撑。

E：向其提供符合档案部门要求的信息系统及相关设施与技术支撑。

F：对其进行电子文件管理绩效考核和电子文件资产审计。

G：协助其制定电子文件管理绩效考核方法、电子文件资产审计方法。

4.4.2　组建跨部门的协调机构

建立跨部门的协调机构是协调各部门电子文件管理活动的有效之策，也是许多国家通常采用的手段。例如，为推动信息化建设，新加坡政府成立了由各委、局等机构共同参与的、跨部门的委员会——"国家电子商务行动委员会"，统一负责协调和推动实现电子经济、电子政府和电子社会的目标。这一机构的设立，对于克服信息化建设中各自为政、单打独斗的现象起到了重要作用。英国成立了由国家档案馆和12个其他机构的代表组成的联合小组，协调文件管理领域中各机构间的关系。

我国可以成立"国家电子文件管理总体组"，作为电子文件管理领域的高层协调机构。"国家电子文件管理总体组"成员应该包括中共中央办公厅、国务院办公厅、国家档案局（中央档案馆）、国家信息化工作办公室的负责人，以及主要业务部门或行业系统中分管电子政务或电子商务建设的领导。"国家电子文件管理总体组"就电子文件管理领域中国家层面的规划、政策、标准等进行跨部门的交流与沟通，促进各部门之间的合作与协调。"国家电子文件管理总体组"宜设有实体性、常规性的办事机构，并拥有一定的资源分配权力，以保证其协调与决策的有效性。该总体组的办事机构以设在国家档案局为宜，这样有利于国家档案局电子文件管理专业职责的实现。"国家电子文件管理总体组"可以通过实施一些重大项目，加强部际合作与协调，推动全国电子文件管理的发展。

4.4.3　建立联席会议制度

为促进各部门之间的交流与沟通、合作与协调，可建立联席会议制度。对于非常规的、重大的、涉及多部门的电子文件管理项目，由项目主持方牵头，召集各相关部门负责人参加的联席会议。联席会议形成的会议纪要应送呈相关领导和督查部门备案，列入督查范围，以约束各部门履行相应职责与承诺。

4.5　健全共建共享机制

为克服电子文件管理项目低水平重复建设、恶性封闭建设之弊，消除"信息孤岛"、"信息烟囱"现象，必须建立健全共建共享机制。

4.5.1　统一标准规范

电子文件管理项目的共建共享，必须以标准规范的统一为先导。例如，英国的《电子政府政策框架内的电子文件管理》（2001）要求各政府机关采用统一的互操作系统、元数据结构和术语表，从以下三个层面上实现各机构之间的互操作性：
（1）数据层面，应用通用的文件元数据标准、标准化的文件命
名和通用术语；（2）系统层面，系统应具备兼容性，具有统一
的信息检索协议和文件格式控制转换政策；（3）程序层面，基
于相互兼容的系统应使用通用程序。^①澳大利亚和新西兰的十多
个档案馆从 2004 年开始启动了"澳大拉西亚数字保管动议"
（The Australasian Digital Recordkeeping Initiative，ADRI，
2004），建立与推广电子文件形成与保管的统一标准体系，建立
跨国家和地区的电子文件规范化管理合作联盟。

背景知识

澳大拉西亚数字保管动议（ADRI）

"澳大拉西亚数字保管动议"的主要目标是充分利用资
源和专家知识，为确保数字文件的保存和未来利用寻找更为
有效的方法。澳大利亚与新西兰的国家和地方公共文件管理
机构均加入了该联盟，并达成了以下合作共识：在政府数字
文件形成、保管和利用方面应研制、阐述和实施一套统一的
战略。该动议强调档案机构和政府机构在保护数字文件方面
建立合作的重要性，强调所有政府部门在数字文件的形成、
保管和利用方面应该采用统一的方法，以确保政府问责的落
实和重要文化遗产的长期保存，统一方法有利于提高跨部门
决策的工作效率、经济性和互操作性。

为实现我国电子文件管理项目、系统的共建共享，可授权
国家档案局或由前述"国家电子文件管理总体组"出面，通过
联席会议制度，推动各类标准规范的协调与统一。电子文件管
理标准应当在尽可能大的范围内实现统一，杜绝各自为政，原
则上不允许地方或行业擅自制定标准，对于电子文件管理活动
中具有强交换意义的标准对象和关键控制点应尽量采取国家标
准的形式，以保证标准规范的最大效用。对于技术不成熟或实
践不充分的标准对象，可采取指导性文件的形式发布。同时，
严格标准主体准入制度，联合业务、文件管理、信息技术领域
的专家共同制定标准规范，充分保证标准的质量和共享性。

---

① 参见北京市信息资源管理中心，中国人民大学信息资源管理学院：《国外政府信息资源开发利用
的政策与实践研究》，2005（未公开出版）。

4.5.2 统筹项目规划

为了克服电子文件管理项目一哄而上、重复投资、恶性竞争的现象，作为全国主管机构的国家档案局应该做好以下工作：

一是制定全国电子文件管理战略，宏观规划、统筹安排全国电子文件管理项目。

二是实现跨部门的合作。电子文件的科学管理单靠档案部门的力量是难以实现的。不妨参照国外的一些做法，借助其他政府部门的力量合作完成。例如，前文提到的美国"联邦政府组织架构文件管理框架"（FEA）就是基于美国管理与预算办公室（OMB）在美国信息技术委员会的支持协助之下提出的联邦政府组织架构。该架构为联邦政府的各个部门提供了一套通用的语言和结构框架来描述和分析各部门的 IT 投资，加强各部门之间的沟通与协作，旨在使联邦政府的信息化建设朝着经济化、高效化、服务化的方向发展。该框架为电子文件规划提供了良好的沟通平台。利用这一机制，档案部门就可以更加有力地监督、评价各行业、各地方的电子文件管理项目、系统，确保共同遵循统一的标准规范，具有兼容性和互操作性。

三是采用"公开换资助"的方式，促进研究成果与实践经验的共享，避免重复研究、犯同样的错误。即对于那些同意面向全国公开其具体技术方案的电子文件管理项目或系统，给予国家资助；凡接受国家资助的电子文件管理项目或系统必须面向全国公开其具体技术方案，供其他行业或地方学习。

4.6 构建监督审计制度

4.6.1 进行信息系统电子文件管理功能认证

电子文件产生、运转、存储于各种信息系统，信息系统的电子文件管理功能的完备性与可靠性直接决定了电子文件的质量，因此，前端控制原则要求档案部门提前介入各类信息系统的开发或采购过程。提前介入的最有效方式便是制定信息系统电子文件管理功能测评标准，并实施认证。

例如，美国国防部1997年颁布，2002年、2007年两次重新修订的《电子文件管理应用软件设计评价标准》（DoD 5015），被国家档案与文件管理署作为推荐标准，成为美国电子文件管理系统认证的依据。

背景知识

《电子文件管理应用软件设计评价标准》（DoD 5015）

1993年，美国国家档案与文件管理署和美国军方研究机构共同组成了美国国防部文件管理项目组，该项目组致力于文件管理工作的重新组织，并与加拿大哥伦比亚大学进行合作，采用IDEF建模方法构建了文件管理工作的活动模型和实体模型，提出了《47项功能需求》。随后，军事研究试验室进一步细化该文件，提高了功能需求的可测试能力，完成《文件管理软件的基本功能需求和数据元素》研究报告，并由国防信息系统局的联合互操作测试组（JITC）着手建立软件测试和认证程序。1997年，由JITC起草的《电子文件管理应用软件设计评价标准》正式颁布，2002年与2007年该标准重新修订。在目前电子文件管理软件标准中，DoD 5015颁布最早，影响也较深远，已经成为北美地区电子文件管理软件评测的事实标准。

通过DoD 5015认证的电子文件管理系统才能被美国国家档案与文件管理署认可，具有市场竞争力。丹麦规定：各机构采用的电子文件管理系统的功能和技术标准必须符合《档案法》的规定，并且事先告知国家档案馆备案，系统停止使用之后必须像文件一样归档，移交国家档案馆保存。

在这方面我们需要做好以下工作：

其一，尽快制定完善电子文件管理功能需求标准、信息系统电子文件管理功能认证制度与标准。

其二，由国家档案局组织成立电子文件管理系统测评中心，召集权威专家或委托权威机构开展认证活动，并对外公布认证结果。

其三，禁止将认证不合格或未经认证的信息系统列入政府采购对象范围。

4.6.2 建立和完善电子文件管理审计制度

我国传统的审计工作大都仅限于财务的审计，然而国外一些国家正逐步扩大审计工作的范围，并将电子文件管理活动作为政府绩效的评估指标之一，纳入政府的审计项目之中。例如，澳大利亚已将文件审计活动制度化，出台了《包括电子文件管理的文件管理绩效审计》（2006），其目标一是要向议会提供政府行政管理部门的绩效评价，二是促进政府部门提高管理水平，更好地使用公共资源。

背景知识

澳大利亚《包括电子文件管理的文件管理绩效审计》

该报告是自 2001—2002 年以来由澳大利亚国家审计办公室（ANAO）执行的一系列文件管理审计活动产生的第三个审计报告，2006 年完成。此次审计在以下机构中进行：检察总署、澳大利亚选举委员会和总理及内阁部。审计的目标是评估各机构满足文件管理责任的程度，尤其是检查其如何有效管理文件系统和其他电子系统中电子文件的生成和存储。该报告提出：应在更广泛的信息或知识管理框架下制定和实施文件管理战略以应对机构广泛的文件管理责任；各类系统尤其是电子系统，必须按照文件管理要求予以管理；机构应按法律和业务要求，制定文件管理的指导方针支持业务活动；机构应对其文件管理要求定期进行风险评估，并据此制定文件管理战略、政策和指导方针等。

又如，美国审计总署对美国国家档案馆进行审计后，要求其改善电子文件管理。2002 年 6 月，美国审计总署向国会提交了一份题为《电子文件管理与保存面临的挑战》的报告。该报告对美国国家档案与文件管理署（NARA）在电子文件管理方面的职责履行情况及所采取措施的有效性进行了评估。美国审计总署指出了电子文件管理中存在的主要问题。第一，虽然政府机构都创建了电子文件，但是大多数电子文件（包括主要联邦信息系统数据库）都没有按照其保管期限加以管理，而且也没有对具有历史价值的文件进行特殊标记，这就使那些非常重要的电子文件面临丢失的风险。第二，政府机构通常不重视文件管理工作，而且缺乏管理电子文件的技术手段和工具。第三，国家档案与文件管理署没有对政府机构文件工作进行系统的检查，无法从总体上把握有关实施情况以及需要加强对哪些领域的指导。[①] 为了解决上述问题，美国审计总署向国家档案与文件管理署提出了以下建议：制定有关战略，提高对文件管理工作及其系统性检查的重要性的认识；为了减小风险，应重新评估采购新的档案系统的时间表，有利于政府机构完成主要任务并提高信息技术管理能力。

事实证明，定期的审计活动可以客观地评估包括电子文件管理在内的政府活动的真实状况，及时发现问题，促进主管部门改善职能，维护高效率运转。这一点对于我国具有很高的借鉴价值。

4.6.3　开展电子文件管理绩效考核

为提高各单位和工作人员电子文件管理的责任心，提高各项电子文件管理规章制度的执行力，必须建立电子文件管理绩效考核制度。

绩效考核是一种重要的鞭策工具，为许多国家所重视。信息化先进国家不但将文件管理质量纳入部门和工作人员的常规绩效考核范围，而且开展专门的文件管理绩效考核。例如，英国颁布了《BS ISO 15489-1 有效的文件管理与绩效管理》(2003)、《基于电子文件管理的效益实现指南》(2004)和《遵循文件管理标准：评估指南与方法》(2006)，德国推出了《德国联邦政府信息技术使用经济效益评估建议》(2004)，芬兰有《国家档案馆服务的国际评估》(2006)等。

在开展电子文件管理绩效考核方面，我国可以从以下方面着手：

第一，定期监督、检查各单位电子文件管理情况，开展电子文件管理绩效专门考核。

第二，建立电子文件管理岗位责任制，将电子文件管理绩

---

① 参见信息产业部电子科技情报研究所：《国外信息资源开发利用政策与实践研究》，2003（未公开出版）。

效纳入相关工作人员年度工作考核指标体系和评优评奖标准范围，并使之占有一定的比重。在干部选拔、离任时，考查其所负责部门的电子文件管理绩效。

人大代表：法人"离任档案审核"应纳入《档案法》

全国人大代表、富润控股集团有限公司董事局主席赵林中说，如果一个单位的法定代表人不重视档案工作，使其任期内的档案发生损毁、丢失等现象，而档案行政管理部门又没有及时发现，当 10 年、20 年后移交时发现了问题，再进行处罚和责任追究时，时任领导早已调离、退休甚至死亡，对档案执法带来很大困难。

赵林中代表认为，如果像"离任财务审计"一样，把对机关、团体、国有企事业单位法定代表人的"离任档案审核"纳入《档案法》，使法定代表人在离任时由档案行政管理部门对其任期内的档案管理进行审核，符合规定后方可离任，这是推行一把手抓档案的法律保证。

资料来源：http：//www.daxtx.cn/？action-viewnews-itemid-1054，2008-03-10。

4.6.4　实施电子文件资产审计

中共中央办公厅和国务院办公厅《关于加强信息资源开发利用工作的若干意见》（中办发〔2004〕34 号）提出，要"推进政务信息资源的资产管理工作"，"完善信息资产评估制度"。在国外，欧盟估算，欧盟国家以电子文件为主体的政府信息资产达 4 700 亿欧元。英国发布了《信息资产登记》（IARN，2000）和《评估信息资产：政府组织机构电子文件的鉴定》（2000），要求每个政府机构都在其网站上设立信息资产登记目录（IAR）。该目录包括英国政府所有的信息资源，尤其是未公布的信息，如数据库、旧文件、最新的电子文件、统计数据、研究报告等。各机构在建设信息资产登记目录时，应与《信息自由法》（2000）要求制定的政府信息公开出版计划配合实施。

背景知识

英国《信息资产登记》

《信息资产登记》是英国皇家文书局（HMSO）制定的一套服务于信息资产登记系统（Information Assets Register, IAR）的信息资源标识体系。英国皇家文书局是英国内阁办公室的下设机构，专门负责向公众、企业和政府提供广泛的政府信息服务。信息资产登记注册库是由该机构维护的信息资源目录系统。

我国正在进行信息资源资产化管理试点，应该将电子文件纳入信息资产范围。应该按照资产管理方法，对电子文件进行注册、登记、清点、审计。作为资产管理的第一步，各单位应该首先编制电子文件目录。

4.7　加快法规标准建设

4.7.1　推进立法工作

电子文件管理涉及复杂的社会关系，涉及相应的业务活动，涉及多方的职责与利益，尤其需要通过法律加以规范。从国外情况来看，立法是各国推动电子文件管理发展的最基本和最有效的手段。我国必须加快相关立法工作，使电子文件管理有法可依、有章可循。

许多国家除了颁布专门的文件法或档案法之外，还基于文件是各项业务活动的工具与证据、文件管理是各项业务活动有机组成部分的认识，在刑法、行政法、民商法等其他众多法律中列有许多条款涉及文件管理的要求。而我国很少在其他法律中提及文件管理问题。当前情况下，修订其他法律的可行性很小，因此应该重点制定一部较为完善的《中华人民共和国文件法》。

《中华人民共和国文件法》应该包括以下内容：（1）明确认定电子文件属于文件的范畴，规定满足一定条件的电子文件具有证据效力；（2）明确赋予档案部门全过程监控文件管理的职责；（3）明确规定档案部门、业务部门、信息部门及其他有关部门相应的文件管理义务与权利；（4）规定文件生成、传递、归档、保存和开发利用的基本宗旨和原则；（5）规定国家文件管理的体制与运行机制。

《中华人民共和国文件法》出台之后，包括《中华人民共和国档案法》在内的其他法律宜根据《中华人民共和国文件法》进行相应的修正。

4.7.2　推动标准化工作

当前，信息技术日新月异，文件管理内外环境的变化速度很快。一方面，以前制定的许多标准渐渐不能适应技术和管理的新态势；另一方面，技术和管理的快速发展又不断产生新的标准需求。这样一来，文件管理领域标准化工作的任务就变得十分繁重和紧迫。

第一，应尽早制定科学的电子文件管理标准体系，全面梳理当前我国文件管理领域内标准的基本情况。在分清哪些标准已经失效，哪些标准需要修订，哪些标准继续适用，哪些标准急需制定（如表4—2所示）的基础上，考虑构建标准体系。在标准体系的搭建过程中，需要认真考虑各种标准的一致与协调，并以标准体系作为标准化工作的重要指南，科学部署，循序渐进，有序推动我国标准化工作的展开。

表 4—2　　　　　文件管理领域内标准的梳理（建议）

标准的状况	标准的名称
应予废止	《革命历史档案机读目录软磁盘数据交换格式》（DA/T 17.5 - 1995） 《民国档案机读目录软磁盘数据交换格式》（DA/T 20.4 - 1999） ……
应予修订	《磁性载体档案管理与保护规范》（DA/T 15 - 1995） 《电子文件归档与管理规范》（GB/T 18894 - 2002） ……
继续有效	《纸质档案数字化技术规范》（DA/T 31 - 2005） 《公务电子邮件归档与管理规则》（DA/T 32 - 2005） ……

续前表

标准的状况	标准的名称
亟待制定	《电子文件管理通用元数据标准》 《电子文件长期保管指南》 《电子文件管理功能需求标准》 《电子文件管理流程规范》 《电子文件保管期限表》 《电子文件管理基本术语》 ……

第二，考虑到国家标准制定的过程较长，近期可先行制定一个较为全面、系统、先进的《电子文件管理指南》，作为全国电子文件管理的政策引导和规范。

背景知识

ISO 15489

国际标准 ISO 15489 包括《ISO 15489-1 信息与文献：文件管理——通则》和《ISO 15489-2 信息与文献：文件管理——技术指南》两部分。ISO 15489-1 是对文件最优化管理的原则和要求的描述，内容涵盖 11 个方面：范围、规范性引用文件、术语和定义、文件管理收益、规章制度环境、方针和职责、文件管理要求、文件系统的设计与实施、文件管理过程及其控制、监控和审核、培训。ISO 15489-2 是文件管理原则的使用指南和技术报告，它列出了符合标准要求的、可供选择的最优化文件管理程序和管理方法。

ISO 15489 具有适用范围广泛（适用于各种格式或各种载体的文件，适用于任何公共机构或私人机构），强调业务驱动、全程管理、全员参与，与 ISO 9000、14000、27000 等 ISO 系列标准及相关国际标准兼容和支持相关法律规章建设等特点，反映了国际文件管理的最佳实践。

第三，积极采纳、借鉴国际标准。ISO 15489 已有英语、汉语、日语、法语、荷兰语、德语、保加利亚语、爱沙尼亚语、西班牙语、瑞典语、葡萄牙语、意大利语、韩语、俄语、南非语和印度语 16 种语言的版本。目前，澳大利亚、保加利亚、丹麦、爱沙尼亚、法国、日本、肯尼亚、德国、南非、荷兰、葡

萄牙、俄罗斯、韩国、西班牙、英国、瑞典、乌克兰和意大利
18 个国家已将 ISO 15489 采纳为国家标准，实施文件全程管理，
美国和加拿大等国家虽未将 ISO 15489 采纳为国家标准，但在
相关信息管理政策中已将 ISO 15489 作为引用标准。采纳国际
标准与否已成为一个国家文件管理水平高低的评价准则之一。

第四，加强标准的宣传、贯彻，提高标准推广、实施效果。
以电子文件管理元数据标准为例，根据课题组的抽样调查，我
国只有 3.4% 的档案部门认真遵守了国际、国家、行业和其他标
准。可见，我国需要加大标准的推广、贯彻力度。

4.8　加强技术研究与人才培养

4.8.1　重视理论研究与技术开发

背景知识

美国电子文件档案馆（ERA）

随着美国迈入信息社会，美国国家档案与文件管理署
（NARA）发现其所管理的电子文件不仅在数量上与日俱增，
而且种类也日益丰富，包括数据文件、数据库、电子邮件、
地理空间数据、数字影像等。为此，NARA 决定建立电子文
件档案馆（ERA），在实现提供数字资源利用的同时，管理、
维护各种类型的电子文件，保证其真实性、可靠性、完整性
和可用性。ERA 将使 NARA 在未来能够接收、保存和利用政
府机关、国会、法院形成的各种电子文件，号称"未来的档
案馆"。ERA 是一个庞大复杂的系统，拥有为数众多的参与
合作伙伴和研究项目，包括 OAIS、InterPARES 等。

电子文件管理是一个新兴的、复杂的系统工程，缺乏坚实
的理论支撑，很可能迷失方向、陷入困境，造成人力、物力、
财力的浪费。美国在电子文件管理方面，扎扎实实地推行研究
先行战略。2005 年美国国会批准投入 3.08 亿美元建设电子文件
档案馆（ERA）之前，美国国家档案与文件管理署（NARA）

于 1998 年开始，耗时 6 年对永久保存电子文件的可能性、保存技术、保存系统和功能需求进行了全面的论证和试验。面对如此深刻复杂的文件管理转型，我国也必须高度重视并下力气组织好电子文件管理理论的研究与技术开发。

第一，国家有关主管机关根据实践的需要，规划中长期的电子文件管理重大研究课题，并组织相关专家进行攻关。

第二，组建、资助由多方机构参与、多学科专家参与的研究团队开展联合攻关研究，力求突破亟待解决的关键性理论与技术难题，研发出适合我国国情的电子文件管理技术。诸如通用文件格式转换技术、电子文件迁移技术、电子文件封装技术、数字权限保护技术、电子文件防改写技术、电子文件元数据实时捕获技术和电子文件分布式检索技术等。

第三，根据电子文件的特性与管理要求，试验、研发高质量的国产化电子文件管理软件系统。当前重点是研发具有示范意义的、面向文件形成机构的电子文件管理系统和面向档案馆的电子文件管理系统。

背景知识

InterPARES 项目

"电子系统中文件真实性永久保障国际合作研究"（The International Research on Permanent Authentic Records in Electronic Systems，InterPARES）在众多国际专家的参与下，第一期（1999—2001）主要针对现行阶段的电子文件进行研究；第二期（2002—2006）关注电子文件的长期保存，并将研究领域扩展至动态文件，多学科研究人员共同参与。前两期成果集成了各国许多优秀实验基地的经验，制定出一系列电子文件管理的原则、方法、指南、模板、模式和功能需求等，在全球产生了广泛的影响，成为美国 ERA 等许多项目研发的重要成果平台和指南。2007 年 7 月，InterPARES 第三期（简称 InterPARES 3）正式启动，包括中国在内的 15 个国家积极参与。主要工作目标是将 InterPARES 前期的研究成果付诸实践并进一步检验和完善前期研究成果，帮助各国中小型机构建立基于电子文件真实性保障的电子文件管理系统和相关制度、指南、人员培训模式等。

4.8.2 重视人才队伍建设

第一，开展全员电子文件管理培训。电子文件管理是各项业务活动的支撑与基础，因此所有业务人员均应拥有一定的电子文件管理意识，掌握基本的电子文件管理技能。

第二，建立文件管理职业资格认证制度。实施职业资格认证制度是提高从业人员素质的重要手段。1989 年美国成立了档案工作者资格认证学会（Academy of Certified Archivists，ACA），在全美乃至整个北美地区推行档案职业资格认证制度，大大提高了美国档案工作者的素质。英国、爱尔兰、意大利等国家也都建立了各自的档案职业资格认证体系。2003 年上海市颁布了《上海市档案专业技术人员职业资格暂行规定》，开始了我国地方性的档案职业资格认证。电子文件兴起，对从业人员素质提出了更高的要求，建立文件管理职业资格认证制度具有必要性。

第三，更新教育与培训内容。纸质时代的文件管理知识已经无法应用于电子文件管理，必须相应地更新文件管理教育与培训的内容，使之适应新的形势与要求。国外电子文件管理的实践表明，"成功地管理电子文件需要多个专业领域（法律、业务管理、信息技术和文件管理等方面）的综合知识和专门技术的支持。"[1] 当前我们特别需要加强对文件管理人员在电子文件管理规范与技能，以及相关法律、信息技术、知识管理等方面的教育与培训。

第四，开展多种形式的教育与培训。包括开展政府电子文件管理方向的公共管理专业硕士教育；将政府电子文件管理知识和技能纳入公务员岗前培训和在职培训范围。

---

[1] 安小米：《国外电子文件管理模式及其特点研究》，载《山西档案》，2006（5）。

主要参考文献

国内主要参考文献

1. 〔美〕David Marco. 元数据仓储的构建与管理. 北京：机械工业出版社，2004

2. 〔德〕芭芭拉·亚当，乌尔里希·贝克，约斯特·房·龙. 风险社会及其超载：社会理论的关键议题. 北京：北京出版社，2005

3. 〔加〕安娜·杜兰蒂. 如何长期保证电子文件的真实性. 中国档案，2000（3）：46～48

4. 〔美〕项目管理协会. 项目管理知识体系指南（第3版）. 北京：电子工业出版社，2005

5. 〔美〕米歇尔·科罗赫等. 风险管理. 北京：中国财政经济出版社，2005

6. 〔英〕克里斯·查普曼等. 项目风险管理：过程、技术和洞察力. 北京：电子工业出版社，2003

7. 〔澳〕欧文·E·休斯. 公共管理导论. 北京：中国人民大学出版社，2001

8. 〔美〕斯泰尔等. 信息系统原理. 北京：机械工业出版社，2000

9. 〔美〕T.R. 谢伦伯格. 现代档案——原则与技术. 北京：中国档案出版社，1983

10. 2006年中国政府网站绩效评估报告，2007-12-20，http：//www.ccidconsulting.com/2006govtop/

11. 安素琴. 档案标准化工作的现状分析与思考. 档案学研究，2001（3）：34～37

12. 安小米，郑向阳. 集成管理与集成服务：21世纪城市建设文件档案信息管理的优化与创新. 北京：中国建筑工业出版社，2006

13. 安小米. ISO 15489文件管理国际标准中外研究比较. 档案学通讯，2007（3）：2～23

14. 安小米. 国外电子文件管理模式及其特点研究. 山西档案，2006（5）：16～18

15. 安小米. 档案数字化建设的国际化经验及其借鉴. 档案学通讯，2005（4）：54～57

16. 安小米，焦红艳译. 文件管理国际标准ISO 15489. 城建档案，2002（2）：3～12，（3）：4～18

17. 安小米．文件连续体模式对电子文件最优化管理的启示．档案学通讯，2002（3）：52～55

18. 北京市信息资源管理中心，中国人民大学信息资源管理学院．国外政府信息资源开发利用的政策与实践研究，2005（未公开出版）

19. 北京市信息资源管理中心．北京市信息资源开发利用"十一五"规划研究报告，2005（未公开出版）

20. 陈虹涛，李志俊．元数据的标准规范及其互操作性．情报杂志，2005（7）：93～95

21. 陈慧．集成视角下的电子文件管理规范评估研究——中英两国电子文件管理规范案例分析．兰台世界，2005（11）：4～5

22. 程妍妍．电子文件管理元数据标准化研究．中国档案，2005（12）：23～25

23. 褚峻．电子政务安全技术保障．北京：中国人民大学出版社，2004

24. 崔淑霞．论我国档案保护技术标准的体系建设．浙江档案，2006（11）：15～18

25. 宇文．对话：对电子政务安全风险的思考．中国计算机报，2002-12-26

26. 房庆．浅议信息化与元数据标准．术语标准化与信息技术，2002（1）：5～12

27. 冯惠玲，钱毅．关于电子文件管理顶层设计的若干设想．中国档案，2007（4）：7～9

28. 冯惠玲，张辑哲．档案学概论（第二版）．北京：中国人民大学出版社，2006

29. 冯惠玲，赵国俊，刘越男，安小米，侯卫真，钱毅，张宁．电子文件管理国家战略．档案学通讯，2006（3）：4～7

30. 冯惠玲．电子政务系统中文件管理风险分析与对策研究报告，2004（未公开出版）

31. 冯惠玲．电子政务系统中文件管理风险分析与对策研究报告．国家社会科学基金重点项目研究报告，2006（未公开出版）

32. 冯惠玲．信息资源对国家经济社会发展的综合贡献力．北京：2005中国信息资源管理论坛，2005-05-30（未公开出版）

33. 冯惠玲．综合档案馆电子文件管理项目的功能定位．档案学通讯，2007（6）：69～73

34. 冯惠玲主编．电子文件管理教程．北京：中国人民大学出版社，2001

35. 冯惠玲主编．政府电子文件管理．北京：中国人民大学出版社，2004

36. 冯惠玲．认识电子文件．档案学通讯，1998（1）：47

37. 冯项云，肖珑，廖三三，庄纪林．国外常用元数据标准比较研究．大学图书馆学报，2001（4）：15～21

38. 冯惠玲．档案信息资源在国家经济社会发展中的综合贡献力及有效开发．档案学研究，2006（3）：13

39. 付华．国家档案资源建设．中国人民大学博士学位论文，2005

40. 高嵩，张智雄．PREMIS保存元数据体系分析．现代图书情报技术，2006（4）：19～23

41. 高洁．电子文件管理软件的国际化规范及其借鉴研究．山西档案，2005（6）：18～22

42. 高赛．电子公文运行十年，电子政务迈向更高层．光明日报，2006-05-18

43. 顾犇．数字文化遗产的保护和联合国教科文组织的指导方针．国家图书馆学刊，2003（1）：40～44

44. 郭家义．数字信息资源长期保存系统的标准体系研究．现代图书情报技术，2006 (4)：14～18

45. 郝晨辉，曹燕，李华峰．谈电子文件元数据标准化．浙江档案，2003 (12)：22～23

46. 郝建苹．中外档案信息政策法规标准及其比较研究．浙江档案，2003 (8)：16～18

47. 何宝梅．电子文件管理中元数据问题的研究述评．秘书，2003 (6)：31～35

48. 何嘉荪，金更达．电子文件管理元数据标准草案．档案科技与现代化，2005 (3)：1～28，(4)：1～30，(5)：1～34

49. 何嘉荪，金更达．电子文件管理元数据规范．浙江档案，2005 (4)：12

50. 何嘉荪．对电子文件必须强调档案化管理而非归档管理．档案学通讯，2005 (3)：11～14

51. 何军．档案信息的集成管理与集成服务模式研究．档案学通讯，2006 (2)：56～57

52. 何小菁，惠志斌，陈丹丹．论电子政务档案元数据标准．现代图书情报技术，2003 (6)：80～81，76

53. 何小菁．档案元数据编制研究初探．档案学研究，2003 (3)：51～53

54. 贺亚锋．基于资源发现领域的元数据（Metadata）标准．现代图书情报技术，2000 (6)：60～64

55. 黄萃，叶晓林．辨析电子文件管理中的元数据．北京档案，2003 (7)：24～26

56. 黄萃．基于元数据的电子文件全程管理．档案管理，2003 (4)：16～18

57. 黄硕风．综合国力新论：兼论新中国综合国力．北京：社会科学出版社，1999

58. 黄志成，李小波．知识与业务过程集成探讨．中国制造业信息化，2003 (3)：55～57

59. 霍国庆等．企业信息资源集成管理战略理论与案例．北京：清华大学出版社，2004

60. 焦红艳，安小米．文件管理国际标准 ISO 15489 的内容及其特点．中国档案，2002 (12)：37～38

61. 焦红艳译，安小米校．ISO/PDTR 23801 信息文献——文件管理流程——文件元数据原则．城建档案，2004 (4)：39～42，(5)：41～42，36，(6)：38～42

62. 金更达，何嘉荪．电子文件元数据标准设计框架研究．档案与建设，2005 (9)：4～7

63. 金更达，潘燕军．结构化数据长期保存问题探析．档案学通讯，2006 (5)：60～64

64. 金更达．国外电子文件元数据标准简介．浙江档案，2004 (11)：8～10

65. 金更达．基于元数据的电子文件集成管理与服务模式研究．浙江大学硕士学位论文，2005

66. 李宝山，刘志伟．集成管理——高科技时代的管理创新．北京：中国人民大学出版社，1998

67. 李树斌，金更达．国内首个专门的电子文件元数据管理系统试运行效果良好．浙江档案，2004 (04)：21

68. 李晓玲．内容产业的产生及其影响．现代国际关系，2003 (5)：55

69. 李毅，蔡烈，尹岭．医学元数据标准制定基本策略和流程．情报学报，2006 (3)：312～315

70. 刘家真．电子文件管理理论与实践．北京：科学出版社，2003

71. 刘嘉．元数据导论．北京：华艺出版社，2002

72. 刘琼瑶．国际档案界关于电子文件元数据之研究．四川档案，2003（2）：34～35

73. 刘越男．电子文件管理元数据从认识到应用．档案与建设，2003（1）：18～21

74. 刘越男．对电子文件管理元数据的再认识．档案学通讯，2005（2）：58～62

75. 刘越男．建立新秩序——电子文件管理流程研究．北京：中国人民大学出版社，2005

76. 刘越男．归聚数字时代归档的变迁．北京档案，2007（4）：17～20

77. 柳新华．电子公文发展面临的问题与对策．中国行政管理，2007（11）：36～37

78. 龙锦益．试论电子文件中心系统的建设．兰台世界，2007（19）：38～39

79. 马蕾，张晓林．数字文献元数据标准比较分析．情报理论与实践，2003（1）：71～74

80. 穆林，其其格．把元数据嵌入到电子文件中．档案学研究，2004（4）：26～28

81. 穆林．内嵌元数据的电子文件管理．档案学研究，2005（3）：48～50

82. 潘世萍．科技档案资源保护迫在眉睫——北京市科技计划项目档案管理现状研究．北京档案，2005（10）：17～19

83. 彭明彧．试论建立企业情报档案．北京档案，2004（1）：34～35，38

84. 齐丽华等．美国档案工作印象．档案与建设，2005（9）：34

85. 任平．欧洲数字信息长期保存研究及其启示．大学图书馆学报，2005（4）：26～30

86. 宋显彪．数字信息的长久保存．四川大学硕士学位论文，2005

87. 孙钢．中国档案代表团赴美考察报告，2007（未公开出版）

88. 孙红娣．论开放存取中的数字资源长期保存问题．图书馆学研究，2005（11）：15～18

89. 谭珍培，章丹．档案元数据在电子文件鉴定中的运用——元数据研究之三．浙江档案，2002（6）：6～8

90. 汤荣宏．电子公文归档和移交数据结构研究．中国档案，2007（4）：12～13

91. 特里·库克．铭记未来——档案在建构社会记忆中的作用．外国档案工作动态，2001（3）：33

92. 田晨，毕小青．知识视角下的企业档案管理．档案学通讯，2001（1）：17

93. 宛玲，张晓林．数字资源长期保存中的合作管理元数据设计探讨．图书情报知识，2004（1）：55～57

94. 王健主编．电子时代机构核心信息资源管理．北京：中国档案出版社，2003

95. 王军．基于成本分析的数字资源长久保存策略研究——迁移法与仿真法比较．图书情报知识，2006（1）：74～77

96. 王可，武婧．基于元数据的电子文件管理．兰台世界，2006（1）：22～23

97. 王岚．无法回避的挑战，必须跨越的巅峰——迎接电子档案的降临．档案学通讯，2000（1）：18～22

98. 王岚．信息化条件下档案管理的发展趋势和方向．档案管理前沿与发展趋势学术报告文集，2006，http://findarticles.com/p/articles/mi_m0GER/is_2000_Winter/ai_68617256，2007-12-24

99. 王妙娅，李小梅．新的元数据标准 MODS 及其应用．情报杂志，2004（11）：82～83

100. 翁东东，王晓方，饶文英．电子文件归档与电子档案管理．兰台世界，2005（11）：

22～23

101. 中国人民大学信息资源管理学院课题组．我国省级档案网站测评报告，http：//www.irm.cn/down.asp，2007-12-21

102. 吴侃侃，詹辉红．电子文件元数据管理系统的理论与设计．档案学研究，2004（1）：57～61

103. 吴品才．从元数据与文件的关系准确认识电子档案的形成规律．浙江档案，2004（7）：14～16

104. 肖珑，陈凌，冯项云，冯英．中文元数据标准框架及其应用．大学图书馆学报，2001（5）：29～35

105. 信息产业部电子科技情报研究所．国外信息资源开发利用政策与实践研究，2003（未公开出版）

106. 徐慧．元数据集成系统研究及应用．江苏大学硕士学位论文，2005

107. 徐明君．电子文件中心的安全存储体系建设．中国档案，2007（11）：48～50

108. 徐拥军．电子文件风险管理的必要性与可行性．档案学通讯，2005（6）：51～55

109. 徐拥军．我国图书情报档案界元数据研究现状综述．四川图书馆学报，2002（2）：18～20，34

110. 徐芸．档案元数据标准建设及其网上实现．情报学报，2003（8）：445～460

111. 颜晓栋．电子文件的长久保存研究．武汉大学硕士学位论文，2004

112. 杨安莲．聚焦电子文件管理前沿——国际电子文件管理研究热点及启示．档案学通讯，2007（6）：60～64

113. 杨波，胡立耘．用于社会科学信息组织的元数据标准——DDI．现代图书情报技术，2005（8）：7～11

114. 杨德婷，阎保平．科学数据库元数据标准体系设计．微电子学与计算机，2003（7）：1～4

115. 杨公之．档案信息化建设导论．北京：中国档案出版社，2001

116. 杨苓．电子政务环境下文件工作标准化研究．四川大学硕士学位论文，2005

117. 尹文燕．元数据发展现状及存在问题研究．中国科学技术信息研究所硕士学位论文，2003

118. 尤原庆．ISO 23081 文件管理流程中信息与文献文件元数据原则评价——从集成管理与集成服务角度对 ISO 23081 进行分析．浙江档案，2005（12）：10～11

119. 于丽娟．电子文件管理通用需求——Moreq．档案学通讯，2003（6）：30～34

120. 于丽娟．英国《电子文件管理系统功能需求》．档案学通讯，2004（5）：41～45

121. 袁小一，苏智星．元数据深度与元数据标准．图书馆理论与实践，2006（4）：106～107

122. 张爱．空间元数据内容标准介绍．世界标准化与质量管理，2005（6）：46～48

123. 张大伟．归档电子文件的质量控制与元数据的应用．档案学通讯，2006（5）：52～55

124. 张静．元数据在数字化档案编目中的应用．华北电业，2005（6）：50～51

125. 张魁. 电子文件生命周期中的元数据管理. 兰台世界，2006（9）：28~29

126. 张敏，张晓林. 元数据（Metadata）的发展和相关格式. 四川图书馆学报，2000（2）：63~70

127. 张晓林. 数字信息的长期保存问题. 图书馆杂志，2001（5）：7~12

128. 张晓林. 元数据开发应用的标准化框架. 现代图书情报技术，2001（2）：9~15

129. 张晓林. 元数据研究与应用. 北京：北京图书馆出版社，2002

130. 张英华. 掌握档案信息化标准，推动档案信息化建设. 机电兵船档案，2006（4）：48~49

131. 张正强. 从第十五次国际档案大会看档案工作标准化的新进展. 中国档案，2004（11）：48~49

132. 张正强. 论电子文件管理元数据的需求分析方法与保证原则. 档案学通讯，2006（5）：64~68

133. 张智雄. 基于 OAIS 的主要数字保存系统研究. 现代图书情报技术，2005（11）：1~9

134. 章丹，谭琤培. 档案元数据研究剖析. 湖北档案，2002（3）：14~15

135. 章丹，谭琤培. 图书馆界元数据研究的现状及对档案界的启示——元数据研究之二. 浙江档案，2002（3）：6~8

136. 赵建平. 集成视角下的电子文件管理规范评估研究. 兰台世界，2005（10）：13~14

137. 赵霞琦. 网络环境下内容产业的环境建设. 情报杂志，2004（7）：59

138. 赵悦. 数字图书馆元数据应用研究. 武汉大学硕士学位论文，2005

139. 钟文荣. 关于电子文件问题的国际性探索. 档案时空，2007（10）：16~19

140. 周笑芳. 档案工作标准化制定和实施的运作分析. 内蒙古科技与经济，2004（2）：64

141. 朱莉. 元数据在电子文件管理中的应用研究. 武汉大学硕士学位论文，2002

142. 朱伟一. 摩根士丹利为何与电子邮件过不去. 南方周末，2006-06-22

143. 令人震惊！近来发生的计算机泄密案例，2007-12-25，http：//junmeng. nen. com. cn/blog/html/54/654-13653. html

144. 无纸化推行，四川距电子办公时代有多远，2007-12-18，http：//www. sc. gov. cn/jr-sc/200707/t20070706 _ 190454. shtml

145. 上海：电子政务搭起网上"行政事务受理大厅"，2007-12-18，http：//www. sh. xinhuanet. com/2007-08/07/content _ 10783090. htm

146. 杨谷. 信息共享堵住税收漏管黑洞，2007-11-28，http：//www. gmw. cn/₃ _ wlzk/yg/2003/20031210 _ 1. htm

147. 黑龙省政府无纸化办公一年节约纸张 40 万张，2007-12-24，http：//info. pa-per. hc360. com/2005/12/26092328233. shtml

148. 曹刚川：信息安全成为国家安全体系中关键要素，2007-11-28，http：//news. xin-huanet. com/mil/2007-04/25/content _ 6023885. htm

149. 世界教科文组织（UNESCO）. 数字化遗产宪章［EB/OL］，2007-03-13，http：//portal. unesco. org/ci/en/files/13367/10700115911Charter _ en. pdf/Charter _ en. pdf

150. 2006 年第一批制修订国家标准项目计划，2007-05-21，www. sac. gov. cn/news/general/4925. xls 1777K

151. 全国高等学校档案学专业办学情况，2007-05-07，http：//www. saac. gov. cn/dajy/txt/2005-06/07/content_78690. htm

152. GB/T 11821-2002. 照片档案管理规范. 北京：国家质量监督检验检疫总局，发布时间 2002-12-04，实施时间 2003-05-01

153. GB/T 17678. 1-1999. CAD 电子文件光盘存储、归档与档案管理要求——第一部分：电子文件归档与档案管理. 北京：国家质量技术监督局，批准时间 1999-02-26，实施时间 1999-10-01

154. GB/T 18894-2002. 电子文件归档与管理规范. 北京：国家质量监督检验检疫总局，颁布时间 2002-12-04，生效时间 2003-05-01

155. GB/T 17878. 2-1999. CAD 电子文件光盘存储、归档与档案管理要求——第二部分：光盘信息组织结构. 北京：国家质量技术监督局，批准时间 1999-02-26，实施时间 1999-10-01

156. DA/T 11-1994. 文件用纸耐久性测试法. 北京：中华人民共和国国家档案局，批准时间 1995-06-12，实施时间 1995-10-01

157. DA/T 15-1995. 磁性载体档案管理与保护规范. 北京：中华人民共和国国家档案局，发布时间 1996-02-26，实施时间 1996-10-01

158. DA/T 16-1995. 档案字迹材料耐久性测试法. 北京：中华人民共和国国家档案局，发布时间 1996-03-01，实施时间 1996-10-01

159. DA/T 18-1999. 档案著录规则. 北京：中华人民共和国国家档案局，批准时间 1999-05-31，实施时间 1999-12-01

160. DA/T 21-1999. 档案缩微品保管规范. 北京：中华人民共和国国家档案局，批准时间 1999-05-31，实施时间 1999-12-01

161. DA/T 29-2002. 档案缩微品制作记录格式和要求. 北京：中华人民共和国国家档案局，发布时间 2002-11-29，实施时间 2003-04-01

162. DA/T 31-2005. 纸质档案数字化技术规范. 北京：中华人民共和国国家档案局，发布时间 2005-04-30，实施时间 2005-09-10

163. DA/T 1-2000. 档案工作基本术语. 北京：中华人民共和国国家档案局，批准时间 2000-12-06，实施时间 2001-01-01

164. DA/T 22-2000. 归档文件整理规则. 北京：中华人民共和国国家档案局，批准时间 2000-12-06，实施时间 2001-01-01

165. 国家档案局，中央档案馆. 档案管理软件功能要求暂行规定. 北京：国家档案局，中央档案馆，2001

166. 国家档案局. 电子公文归档管理办法. 北京：国家档案局，2003

167. 国家档案局局长. 电子文件、档案管理需统一标准，2007-05-17，http：//it. sohu. com/20070427/n249748930. shtml

168. 国家档案局中央档案馆办公室关于编制 2005 年制修订档案行业标准项目计划的通知，2007-05-07，http：//www. changde. gov. cn/cddnj/5335358183550484480/20051028/79912. html

169. 国家档案局中央档案馆办公室关于开展档案行业标准清理工作的通知，2007-05-07，http：//www. changde. gov. cn/cddnj/5335358183550484480/20051028/79917. html

170. 国家电子政务总体组标准，政务信息资源目录体系——第 2 部分：核心元数据（草案稿），2005

171. 国家建设部，广州市城市建设档案馆. 城建电子文件归档与电子档案管理规范. 征求意见稿. 北京：国家建设部，2005

172. 全国档案信息化建设实施纲要（国档发［2002］8 号），2007-05-07，http：//china. hz. bodu. com/bloggermodule/blog _ viewblog. do？id＝4427

173. 中国标准研究中心等. GB/T 18894-2002 电子文件归档和管理规范. 北京：中国标准出版社，2002

174. 中华人民共和国标准化法. 第七届全国人民代表大会常务委员会第五次会议通过. 中华人民共和国主席令第 11 号公布，1988-12-29

175. 中华人民共和国标准化法实施条例. 中华人民共和国国务院令第 53 号，1990-04-06

176. 中华人民共和国档案法. 1987 年 9 月 5 日第六届全国人民代表大会常务委员会第二十二次会议通过；1996 年 7 月 5 日第八届全国人民代表大会常务委员会第二十次会议《关于修改〈中华人民共和国档案法〉的决定》

177. 中华人民共和国电子签名法. 中华人民共和国第十届全国人民代表大会常务委员会第十一次会议于 2004 年 8 月 28 日通过，自 2005 年 4 月 1 日起施行

国外主要参考文献

1. "In contrast, the permanent electronic records at NARA total nearly 10 billion electronic records. ", ［2007-11-24］. http：//aad. archives. gov/aad/help/getting-started-guide. html

2. Adrian Brown. Preserving the digital heritage：building a digital archive for UK Government records，2004 ［2007-03-13］. http：//www. nationalarchives. gov. uk/documents/brown. pdf

3. Adrian Cunningham, Six Degrees of Separation：Australian Metadata Initiatives and Their Relationships with International Standards. Archival Science，2001（1）：271-283

4. Alexander-Gooding, Sharon and Black, Sonia. A National Response to ISO 15489：A Case Study of the Jamaican Experience. The Information Management Journal，2005，39（2）：62-66

5. American Association for the Advancement of Science. Scientific Association Records Programs：A Beginner's Guide ［2007-03-13］. http：//archives. aaas. org/guide/guide. pdf

6. An, Xiaomi, Hongyang, Jiao. Assessing Records Management in China against ISO 15489 and the Implications. Records Management Journal，2004，14（1）：33-39

7. An, Xiaomi. An Integrated Approach to Records Management. The Information management Journal，2003，37（4）：24-30

8. An, Xiaomi. Research in Electronic Records Management. edited by Julie Mcleod and Catherine Hare，Managing Electronic Records, UK：Facet Publishing，October，2005：63-80

9. An, Xiaomi. RM in China：A Critique. IQ InfoRMAA Quarterly，2006，22（4）：28-31，Records Management Bulletin，(137)，May 2007：18-23

10. Anonymous. Advanced MD's Practice Management Solution Named 'BEST IN KLAS' for 2007. Business Wire. New York：Dec 21，2007

11. Anonymous. Managing 'End-of-Life' Electronics and Electronic Data Doesn't Have To Become a Nightmare，According To e-End USA. Business Wire. New York：Oct 3，2007

12. ANSI/AIIM/ARMA TR48-2004. Technical Report. Framework for Integration of Electronic Document Management Systems and Electronic Records Management Systems. Lenexas：ARMA International，2004

13. ANSI/ARMA 9-2004. Requirements for Managing Electronic Messages as Records. Lenexas：ARMA International，2004

14. ANSI/ARMA5-2003. Vital Records Programs：Identifying，Managing，and Recovering Business-Critical Records. Lenexa：ARMA International，2003

15. ANSI/ARMA8-2005. Retention Management for Records and Information. Lenexas：ARMA International，2005

16. ANSI/NISO Z39. 19 -2005. Guidelines for the Construction，Format，and Management of Monolingual Controlled Vocabularies，2005 ［2007-03-13］. http：//www. niso. org/standards/standard _ detail. cfm? std _ id＝814

17. ANSI/NISO Z39. 84 -2005Syntax for the Digital Object Identifier，2005 ［2007-03-13］. http：//www. niso. org/standards/resources/Z39-84-2005. pdf? CFID ＝ 4652767&CFTOKEN＝90090213

18. ANSI/NISO Z39. 85-2001，The Dublin Core Metadata Element Set. 2001

19. ANSI/NISO Z39. 86 -2005. Specifications for the Digital Talking Book ［S］，2005 ［2007-03-13］. http：//www. niso. org/standards/resources/Z39-86-2005. pdf? CFID ＝ 4652767 & CFTOKEN＝90090213

20. ANSI/NISO Z39. 88 -2004The OpenURL Framework for Context-Sensitive Services，2004 ［2007-03-13］. http：//www. niso. org/standards/resources/Z39 _ 88 _ 2004. pdf? CFID＝4652767 & CFTOKEN＝90090213

21. ARMA International Guideline For Records and Information Management—Managing Recorded Information Assets and Resources：Retention and Disposition. Lenexas：ARMA International，2004

22. ARMA International. Glossary of Records and Information Management Terms. 2nd ed. Prairie Village：ARMA International，2000

23. Arms，Caroline R. ，and Fleischhauer，CarlDigital. Formats for Library of Congress Collections，2004 ［2007-03-13］. http：//www. digitalpreservation. gov/formats/index. shtml

24. As4390：1-6. Records Management，Canberra，Standards Australia. Bischoff，F. M

25. Hofman，H. and Ross，S. （eds）Metadata in Digital Preservation：Selected papers from an ERPANET Seminar held in Marburg，3-5 September 2003 ［2006-04-26］. Marburg. http：//www. erparnet. org/events/2003/Marburg/index. php

26. Aschenbrenner，Andreas. Bits and Bites of Data Formats ：Stainless Design for Digital

Endurance，RLG DigiNews 2004-02（8）［2007-03-13］. http：//www. rlg. org/en/page. php?
Page＿ID＝13201&Printable＝1&Article＿ID＝701

27. Au Yeung，Tim，Digital Preservation for Museums：Recommendations，2004［2007-03-
13］. http：//www. chin. gc. ca/English/Digital＿Content/Preservation＿Recommendations/pdf.
htm

28. Ayre，Catherine，and Muir，Adrienne. Right to Preserve：The Rights Issues of Digital
Preservation，D-Lib magazine，2004（10）［2007-03-13］. http：//www. dlib. org/dlib/march04/
ayre/03ayre. html

29. Biblioteca Nacional，Lisbon. ERPANET/CODATA Workshop. The Selection，Apprais-
al，and Retention of Digital Scientific Data. Glasgow：EPRANET，2004［2007-03-13］. http：//
www. erpanet. org/www/products/lisbon/LisbonReportFinal. pdf

30. Bill McQuaid. Secure to the Touch：Ease Access while Improving Security. Security.
Troy：Oct 2007. Vol. 44，Iss. 10：（63-80）

31. Brian Lavoie. Preservation Metadata. DPC Technology Watch Series Report 05-01，Sep
2005［2006-04-26］. http：//www. dpconline. org/docs/reports/dpctw05-01. pdf

32. Brophy，P.，Fisher，S.，Jones，C. EDNER：Formative Evaluation of the Distributed
National Electronic Resource：Evaluation methodologies：An analysis of evaluation methodologies
for national digital initiatives（Deliverable X2，EDNER Project）. Manchester：CERLIM（The
Centre for Research in Library & Information Management），2003［2007-03-13］

33. Brown，Adrian，Digital Preservation Guidance Note 2：Selecting file formats for long-
term preservation，2003［2007-03-13］. http：//www. nationalarchives. gov. uk/preservation/
advice/pdf/Selecting＿file＿formats. pdf

34. Canadian Metadata Forum，2003［2006-04-26］. http：//www. collectionscanada. ca/
metaforum/014005-03200-e. html

35. Caplan，Priscilla. DAITSS：Dark Archive in the Sunshine State. Florida Center For Li-
brary Automation Digital Archive（FCLA）.（2005）［2006-06-22］. http：//www. fcla. edu/digita-
lArchive/pubs. htm

36. CCSDS 650. 0-B-1. Reference Model for an Open Archival Information System（OAIS）.
Issue1. 2002［2007-03-13］. http：//ssdoo. gsfc. nasa. gov/nost/wwwclassic/documents/pdf/
CCSDS-650. 0-B-1. pdf

37. Charlesworth，AndrewLegal. Issues Relating to the Archiving of Internet Resources in
the UK，EU，USA and Australia：a Study Undertaken for the JISC and Well come Trust，2003
［2007-03-13］. http：//www. jisc. ac. uk/uploaded＿documents/archiving＿legal. pdf

38. CODATA. Towards International Guidelines for Access to Research Data from Public
Funding［C/OL］. Berlin Conference，2004-11［2007-03-13］. http：//www. codata. org/wsis/
Schroder-paper. pdf

39. CODATA/ICSTI. Prototype Portal on Permanent Access to Scientific Data and Informa-
tion［2007-03-13］. http：//stills. nap. edu/shelves/codata/index. html

40. Cornell University Library, Cornell University Library Digital Preservation Policy Framework, 2004 [2007-03-13]. http：//commondepository. library. cornell. edu/cul-dp-frame-work. pdf

41. Crockett, Margaret and Foster, Janet. Using ISO 15489 as an Audit Tool. The Information Management Journal, 2004, 38 (4)：46-53

42. Dan Gillman, Data semantics and metadata standards. ISO Focus, 2005 (2)：17-18

43. David Carmicheal. E-MAIL MANAGEMENT：JUST DO IT! PM. Public Management. Washington：Dec 2007. Vol. 89, Iss. 11：40-43

44. DLF Initiative. www. diglib. org/, accessed 2006-06-01 DoD5015. 2-STD Design Criteria Standard for Electronic Records Management Sofware Applications. Washington：US Department of Defense. , 2002

45. DOE G 241. 1-1A. Guide to the Management of Scientific and Technical Information [2007-03-13]. http：//www. directives. doe. gov/pdfs/doe/doetext/neword/241/g2411-1a. pdf

46. DOE-OH. RECORDS MANAGEMENT PROGRAM. Record-keeping Requirement, A Management Guide, 2001 [2007-03-13]. http：//cio. doe. gov/Records/index. htm

47. Dublin Core, http：//dublincore. org/, accessed 2006-06-01

48. ERA (electronic recording archives)

49. ERPANET Training Seminar, Metadata in Digital Preservation. 2003

50. ERPANET, Selecting Technologies, 2003 [2007-03-13]. http：//www. erpanet. org/guidance/docs/ERPANETSelect _ Techno. pdf

51. ERPANET. Business models related to Digital Preservation, 2004 [2007-03-13]. http：//www. erpanet. org/events/2004/amsterdam/Amsterdam _ Report. pdf

52. ERPANET. Cost Orientation Tool, 2003 [2007-03-13]. http：//www. erpanet. org/www/products/tools/ERPANETCostingTool. pdf

53. ERPANET. Digital Preservation Policy Tool, 2003 [2007-03-13]. http：//www. erpanet. org/www/products/tools/ERPANETPolicyTool. pdf

54. Faurio, David. ISOTC46/SC11 Records Management Current World Situation. The 18th ISOTC46/SC11 meeting, May 11, 2007, Spain

55. FCLA (Florida Digital Archive) . Recommended Data Formats for Preservation Purposes in the FCLA Digital Archive. http：//www. fcla. edu/digitalArchive/daInfo. htm. (2005) [2006-06-15]

56. Folk, Mike, and Barkstrom, Bruce R. Attributes of File Formats for Long Term Preservation of Scientific and Engineering Data in Digital Libraries , 2002 [2007-03-13]. http：//www. ncsa. uiuc. edu/NARA/Sci _ Formats _ and _ Archiving. doc

57. Gould, S. &. Varlamoff, M. The Preservation of Digitised Collections：An Overview of Recent Progress and Persistent Challenges Worldwide. UNESCO, 2000 [2007-03-13]. http：//www. unesco. org/webworld/points _ of _ views/preservation _ 1. shtm

58. Handbook for Digital Projects：A Management Tool for Preservation and Access. First

Edition. Maxine K. Sitts, Editor. Northeast Document Conservation Center Andover, Massachusetts, 2000 [2007-03-13]. http：//www. nedcc. org/digital/dighome. htm

59. Healy, Susan. ISO15489 Records Management-its Development and Significance. Records Management Journal, 2001, 11 (3)：133-142

60. Hedstrom, M. &. S. Montgomery. Digital Preservation Needs and Requirements in RLG Member Institutions. A study commissioned by the Research Libraries Group, 1998 [2007-03-13]. http：//www. rlg. org/preserv/digpres. html

61. Hedstrom, M. Digital Preservation：A Time Bomb for Digital Libraries. NSF Workshop on Data Archiving &. Information Preservation. Washington, D. C. , 1999-03-05 [2007-03-13]. http：//www. cecs. missouri. edu/NSFWorkshop

62. Hedstrom, M. It's About Time：Research Challenges in Digital Archiving and Long-term Preservation. National Science Foundation and Library of Congress, 2003 [2007-03-13]. http：// www. digitalpreservation. gov/repor/NSF _ LC _ Final _ Report. pdf

63. Hedstrom, M. The Digital Preservation Research Agenda. In 'The State of Digital Preservation：An International Perspective' [R], 2002 [2007-03-13]. http：//www. clir. org/ pubs/reports/pub107/hedstrom. html

64. HighWire Press &. Stanford University Library. Permanent Publishing on the Web：LOCKSS, Lots of Copies Keeps Stuff Safe. JISC/NSF International Digital Libraries Programme：Emulation for Preservation, 1999 [2007-03-13]. http：//www. leeds. ac. uk/cedars/JISCNSF/ index. htm

65. Hodge, G. &. Frangakis, E. Digital Preservation and Permanent Access to Scientific Information：The State of the Art and the State of the Practice, a report sponsored by the International Council of Scientific and Technical Information and CENDI [R], Washington, DC：CENDI, 2004 [2007-03-13]

66. Hodge, G. &. Frangakis, E. Digital Preservation and Permanent Access To Scientific Information：The State of the Practice. ICSTI/CENDI, 2004 [2007-03-13]. http：//cendi. dtic. mil/publications/04-3dig _ preserv. pdf

67. Hofman, Hans. A Unified Model for Managing Records Based on ISO15489. ERPANET pre-conference seminar, August 30, 2004, Glasgow

68. Hofman, Hans. Metadata and the management of current records in digital form. (2000) [2006-05-01]. http：//www. ica. org/biblio/metadata _ eng. html

69. http：//industry. ccidnet. com/art/884/20060519/557163 _ 1. html, 2007-12-23

70. IGGI. The principles of good metadata management. (2002) [2006-01-01]. http：// www. iggi. gov. uk/achievements _ deliverables/pdf/Guide. pdf

71. Information Management Capacity Check (IMCC) Tool and Methodology. [2006-04-22]. http：//www. archives. ca/06/0603/060301 _ _ e. html

72. International Records Management Trust (IRMT.) Records Management Capacity Assessment System, 2005

73. InterPARES. ［2006-04-22］. http：//www. interpares. org

74. ISAAR（CPF）. International Standards Archival Authority Record for Corporate Bodies, Persons, and Families, 2nd ed. Paris：ICA, 2004

75. ISAD（G）. General International Standard Archival Description, 2nd ed. Paris：ICA, 1999

76. ISO 18492. Long-term Preservation of Electronic Document-based Information. Geneva：International Organization for Standardization, 2005

77. ISO 19005. Document management-Electronic Document File Format for Long-term Preservation—Part 1：Use of PDF 1. 4（PDF/A-1）. Geneva：International Organization for Standardization, 2004

78. ISO 22310：2006 Information and Documentation-Guidelines for Stating Records Management Requirements in Standards. Generva：International Organization for Standardization

79. ISO 23081, Information and documentation—Records Management Processes—Metadata for Records—Part 1：Principles. Generva：International Organization for Standardization, 2005

80. ISO 23081, Information and documentation—Records Management Processes—Metadata for Records—Part 2：Conceptual and implementation issues. Generva：International Organization for Standardization, 2006

81. ISO 23081-1：2006 Information and Documentation—Records Management Processes—Metadata for Records—Part 1：Principles. Generva：International Organization for Standardization

82. ISO 23081-2：2007 Information and Documentation—Records Management Processes—Metadata for Records—Part 2：Implementation issues. Generva：International Organization for Standardization

83. ISO Guide72：2001 Guidelines for the Justification and Development of Management Standards, first edition. Generva：International Organization for Standardization

84. ISO 12033. Electronic Imaging-Guidance for Selection of Document Image Compression Methods. Geneva：International Organization for Standardization, 2005

85. ISO 14001：2004 Environment ManagementSsystems-Requirements with Guidance for Use, second edition. Generva：International Organization for Standardization

86. ISO 14721. Space Data and Information Transfer Systems-Open Archival Information System-Reference Model. (OAIS)Geneva：International Organization for Standardization, 2003

87. ISO 15489-1：2001 Information and Documentation—Records management—Part1：General. Generva：International Organization for Standardization

88. ISO 15489-2：2001 Information and Documentation—Records management—Part2：Guidelines. Generva：International Organization for Standardization

89. ISO 15801. Electronic Imaging—Information Stored Electronically—Recommendations for Trustworthiness and Reliability. Geneva：International Organization for Standardization, 2004

90. ISO 17799. Information Technology-Security Techniques-Code of Practice for Information

Security Management. Geneva：International Organization for Standardization，2005

91. ISO 8601. Data Elements and Interchange Formats-Information Interchange-Representation of Dates ad Times. Geneva：International Organization for Standardization，2000

92. JAMES GIERMANSKI. Bodies of evidence? Journal of Commerce. New York：Nov 19，2007.（1）：26

93. James W Martin. Going Paperless-Or Not? Practical Lawyer. Philadelphia：Oct 2007. Vol. 53，Iss. 5：（51-55）

94. Jantz，Ronald，and Giarlo，Michael J. Digital Preservation ：Architecture and Technology for Trusted Digital Repositories，Corporation for National Research Initiatives，2005 ［2007-03-13］. http：//www. dlib. org/dlib/june05/jantz/06jantz. html

95. Jones，M. & N. Beagrie. Preservation Management of Digital Materials：A Handbook. Digital Preservation Coalition，20004 ［2007-03-13］. http：//www. dpconline. org/graphics/handbook/

96. Judi Thomson，Dan Adams，Paula J.，Cowley，Kevin Walker，Metadata's Role in a Scientific Archive. IEEE Computer Society，2003（12）：27-34

97. K. Thibodeau. Persistent object preservation：Advanced computing infra-structure for digital preservation ［C/OL］. Proceedings of the DLM Forum：European citizens and electronic information：The memory of the Information Society，1999 ［2007-03-13］. http：//europa. eu. int/ISPO/dlm/dlm99/dlm _ proceed99 _ 03. pdf

98. Lauren Gregory. Computer shortcut could jeopardize police records. McClatchy — Tribune Business News. Washington：Nov 5，2007

99. Lavoie，B. The incentives to preserve digital materials：roles，scenarios and economic decision-making. OCLC Research White Paper，2003-04 ［2007-03-13］. http：//www. oclc. org/research/projects/digipres/incentives _ dp. pdf

100. Lavoie，Brian and Gartner，Richard. Preservation Metadata. DPCTechnology Watch Series Report 05-01，2005-09

101. Lavoie，Brian F. Open Archival Information System Reference Model：Introductory Guide. 2004 ［2007-03-13］. http：//www. dpconline. org/docs/lavoie _ OAIS. pdf

102. Lavoie，Brian. The Open Archival Information System Reference Model：Introductory Guide. DPC Technology Watch Report，2004 ［2007-03-13］. http：//www. dpconline. org/docs/lavoie _ OAIS. pdf

103. Lavoie，Brian. The Open Archival Information System Reference Model：Introductory Guide. DPC Technology Watch Report，（2004-04-01）［2006-04-22］. http：//www. dpconline. org/docs/lavoie _ OAIS. pdf

104. Linden，Jim ；Martin，Sean ；Masters，Richard ；and Parker，RodericLarge. Scale Archival Storage of Digital Objects ，2005 ［2007-03-13］. http：//www. dpconline. org/docs/dpctw04-03. pdf

105. Mary Brandel. How the Rules Have Changed. Computerworld. Framingham：Oct 8，

2007. Vol. 41，Iss. 41：（40 -42）

106. Mcdonald, Andrew; Barata, Kimberly; Weitengel, Michael; Miller, Michael; Butikofer, Biklaus; Ashley, Kevin; Fonnes, Ivar. Electronic Records：A Workbook for Archivists. Paris：ICA, 2005

107. McLean, Bob. Effective Records Management Part3：Performance Management for BS ISO 15489. Records Management Journal, 2005, 15（1）：58-60

108. McLeod, Julie. Assessing the impact of ISO 15489-a preliminary investigation. Records Management Journal；2003, 13（2）：70-82

109. METS, Metadata Encoding Transmission Standard. ［2006-06-01］. http：// www. loc. gov/standards/mets/

110. Minnesota State Archives. Trustworthy Information Systems Handbook. July 2002 ［2006-07-18］. http：//www. mnhs. org/preserve/records/tis/tis. html, Version 4

111. Moldrich, David. ISO TC46 SC11 Archives/Records Management：ISO TC46 SC11 Activity Briefing. The 18th ISOTC46/SC11 meeting, May 11, 2007, Spain

112. Moore, Reagan W. ; JaJa, Joseph F. ; and Chadduck, Robert. Mitigating Risk of Data Loss in Preservation Environments, 2005 ［2007-03-13］. http：//www. storageconference. org/ 2005/papers/04＿moorer＿risk. pdf

113. NARA. Technical Guidelines for Digitizing Archival Materials for Electronic Access：Creation of Production Master Files-Raster Images, 2004-06 ［2007-03-13］. http：// www. archives. gov/preservation/technical/guidelines. pdf

114. Natioanl Archives of Australia. Functional Specifications for Electronic Records Managemen Systems Software, draft , Feburary 2006 ［2006-07-18］. www. naa. gov. au

115. National Archives and Records Administration Records Management Services Components Program（RMSC）. Records Management Service Components Requirements Development Project Final Report, 2005

116. National Archives of Australia. Australian Government Implementation Manual：AGLS Metadata.（2006）［2007-05-01］. http：//www. naa. gov. au/recordkeeping/gov＿online/agls/ cim/cim＿manual. html

117. National Archives of Australia. Recordkeeping Metadata Standard for Commonwealth Agencies. 1999,［2006-06-10］. http：//www. naa. gov. au/recordkeeping/controlrkms/summary. htm

118. National Archives of Australia. The DIRKS Manual, 2001 ［2006-06-10］. http：// www. naa. gov. au/recordkeeping/dirks/summary. html

119. National library of New Zealand. Metadata standards framework-metadata implementation schema, 2003

120. Nikki Swartz. NARA Opens First E-Records Vault in Texas. Information Management Journal. Lenexa：May/Jun 2007. Vol. 41, Iss. 3：（18）

121. OCLC . Information Format Trends：Content, Not Containers. OCLC Online Computer

Library Centre，2004［2007-03-13］．http：//www. oclc. org/reports/2004format. htm

122. OCLC/RLG Working Group on Metadata for Digital Preservation. Preservation metadata for digital objects：A review of the state of the art，2001［2007-03-13］．http：//www. oclc. org/digitalpreservation/

123. Pearse Mose，Richar. A Glossary of Archival and Records Terminology. Chicago：Society of American Archivists. 2005

124. Preservation Metadata and the OAIS Information Model：A Metadata Framework to Support the Preservation of Digital Objects：A Report by the OCLC-RLG Working Group on Preservation Metadata，2002-06［2007-03-13］．http：//www. oclc. org/research/projects/pm-wg/pm＿framework. pdf

125. Preserving Access to Digital Information (PADI) ．［2006-07-29］．http：//www. nla. gov. au/padi

126. Research Libraries Group（RLG）and the Commission on Preservation and Access. Preserving digital information：Report of the task force on archiving of digital information，1996［2007-03-13］．http：//www. rlg. org/ArchTF/index. html

127. Research Libraries Group（RLG）. Attributes of a trusted digital repository，2001［2007-03-13］．http：//www. rlg. org/longterm/attributes01. pdf

128. Research Libraries Group（RLG）/OCLC Working Group on Digital Archive Attributes. Trusted Digital Repositories：Attributes and Responsibilities，2002［2007-03-13］．http：//www. rlg. org/longterm/repositories. pdf

129. RLG/OCLC. Data Dictionary for Preservation Metadata. Final Report of the PREMIS Working Group，2005［2006-04-26］．http：//www. oclc. org/research/projects/pmwg/premis-final. pdf

130. RLG/OCLC. Preservation Metadata and the OAIS Information Model，2002［2007-03-13］．http：//www. oclc. org/research/projects/pmwg/pm＿framework. pdf

131. RLG/OCLC. Trusted Digital Repositories：Attributes and Responsibilities，2002［2007-03-13］．http：//www. rlg. org/en/page. php? Page＿ID＝20477

132. State Records New South Wales Australia，Recordkeeping Metadata Standard，2001［2006-04-27］．http：//www. records. nsw. gov. au/publicsector/rk/rib/rib18. htm＃NRKM

133. Steemson，Michael . ISO15489：its Worldwide Implication and Implementations. In Xiaomi An and Shuzhen Wang：Research in Integrated Management and Services for Urban Development Records，Archives and Information. Beijing：China Architecture and Building Press，2004：28-44

134. Steven C. Schatz. Unique Metadata Schemas：A Model for User-Centric Design of a Performance Support System. Educational Technology，Research and Development，2005，53（4）：69-84

135. Susan R. Cummings，Records Management：Management Now and in the Future，2001，［2007-11-24］．http：//www. cendi. gov/presentations/cummings＿pki＿05-13-01. ppt

136. Task Force on Archiving of Digital Information. Preserving digital information. Mountain View, CA: Commission on Preservation and Access and Research Libraries Group (RLG), 1996 [2007-03-13]. http: //www. rlg. org/ArchTF/tfadi. index. htm

137. Technical Guidelines for Digitizing Archival Materials for Electronic Access: Creation of Production Master Files-Raster Images [2007-03-13]. http: //www. archives. gov/preservation/technical/guidelines. pdf

138. Testbed Digitale Bewaring. From Digital Volatility to Digital Permanence: Cost model, 2005 [2007-03-13]. http: //www. digitaleduurzaamheid. nl/bibliotheek/docs/Kostenmodel _ in _ Excel _ versie _ 1. 0 _ (final) . xls

139. The IDA Programme of the European Commission by Cornwell Management Consultants plc. Model Requirements for the Management of Electronic Records (Moreq) . 2001 [2006-07-04]. http: //www. cornwell. co. uk/moreq. pdf

140. The National Archives. Functional Requirements of Electronic Records Management Systems. [2006-04-22]. http: //www. nationalarchives. gov. uk/electronicrecords/reqs2002/

141. The National Archives. PRONOM: The File Format Registry. [2006-04-22]. http: //www. nationalarchives. gov. uk/pronom/

142. The National Archives. Requirements for Electronic Records Management Systems 2: Metadata Standard. (2004) . [2006-09-01]. http: //www. nationalarchvies. gov. uk/electronicrecords/

143. The National Archives. Requirements for Records Management Systems, 2. Metadata Standard (e-GMS3), [2006-04-22]. http: //www. nationalarchives. gov. uk/electronicrecords/reqs2002/pdf/metadatafinal. pdf

144. The OCLC/RLG Working Group on Preservation Metadata, Preservation Metadata and the OAIS Information Model. (2002) [2006-09-01]. http: //www. oclc. org/research/pmwg/

145. The records/document/information management (RDIMS) working group on work processes and practices (WPPWG) . Record Keeping metadata requirements for the government of Canada. 2001

146. The Royal Library. Archival Data Format Requirements. Copenhagen, Denmark, 2004-07 [2007-03-13]

147. The State of Digital Preservation: An International Perspective. CLIR. [2007-03-13]. http: //www. clir. org/pubs/reports/pub107/thibodeau. html

148. U. S. government printing office Washington D. C. Report on the Meeting of Experts on Digital Preservation: Metadata Specifications, 2004

149. Waters, D. Good Archives Make Good Scholars: Reflections on Recent Steps Toward the Archiving of Digital Information. In "The State of Digital Preservation: An International Perspective" [R]. CLIR. [2007-03-13]. http: //www. clir. org/pubs/reports/pub107/waters. html

150. Webb, Colin, National Library of Australia. Guidelines for the Preservation of Digital Heritage, UNESCO Information Society Division, 2003 [2007-03-13]. http: //unesdoc.

unesco. org/images/0013/001300/130071e. pdf

151. Weinstein，Allen. Archivist's View：NARA Enters New "ERA" of Electronic Records Management. Information Management Journal，2005，39（5）：22-25

152. White-Dollmann，Mary. ISO 15489：A Tool for Mergers. Information Management Journal，2004，38（5）：39-44

中国电子文件管理现状调查与分析报告

随着社会信息化进程的加快，全社会的信息资源越来越多地以电子化的形式存在。电子文件越来越广泛和深入地渗透和影响着人类社会生活的几乎所有领域，其快速增长的庞大数量，以及对社会生活真切反映和普遍联系所造就的内在质量，使得电子文件成为现代社会信息资源的重要组成部分。因而，电子文件管理也越来越受到各国政府和公众的重视，成为国际档案界关注的焦点。

为了全面了解我国电子文件管理现状，提升我国电子文件管理水平，中国人民大学信息资源管理学院和中国档案学会联合组成的"电子文件管理机制研究"课题组，于 2007 年 6 月至 12 月开展了"中国电子文件管理现状调查"。① 此次调查对国内 55 家中央和国家机关及其直属企事业单位（以下简称"机构"）、35 家省级或副省级城市综合档案馆（以下简称"档案馆"）进行了两轮抽样问卷调查，对 30 家党政机关、企事业单位、专业软件公司开展了深度访问与实地调研，如附表 1—1 所示。

附表 1—1　　调查对象类型、数量与调查方式

调查对象类型	数量	调查方式
中央和国家机关及其直属企事业单位	55 家	抽样问卷调查
省级或副省级城市综合档案馆	35 家	抽样问卷调查
党政机关、企事业单位、专业软件公司	30 家	深度访问与实地调研

---

① 参见王健：《中国科学技术协会"电子文件管理机制研究"课题组结项汇报》，2007 年 12 月（未公开出版）。

调查结果表明：近年来，我国电子文件增长进入"井喷期"。目前，我国机构生成的电子文件数量占全部文件数量的72.7％，如附图1—1所示。

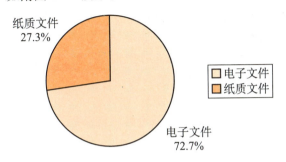

附图1—1　机构生成的电子文件数量占全部文件数量的比例

其中14.3％的机构生成的文件全部以电子文件的形式存在，49％的机构生成的电子文件数量占全部文件数量的50％以上（包括50％），如附图1—2所示。

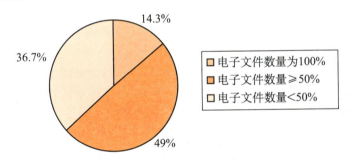

附图1—2　不同机构电子文件数量比例

48％的机构认为未来5年将有50％以上的文件仅以电子形式存在。在已经开始接收电子文件进馆的档案馆中，有52.9％的档案馆预测未来5年接收进馆的电子文件数量将成倍增加。由此不难预见，在不久的将来，电子文件将成为政府机关、企事业单位信息资源的主要承载体和表现形式。

由于我国信息化建设起步较晚，关于电子文件管理的研究也仅仅处于探索阶段，此次调查揭示出我国电子文件管理中存在着很多亟待解决的问题。课题组根据调查结果推断，目前尚无一家机构和档案馆能够按照电子文件移交归档规则，使用功能完善的电子文件管理系统自动接收多种类型电子文件及其元数据，并证明电子文件的真实性、可靠性、完整性和可用性。即便是归档后的电子文件，也因缺少科学的管理措施而面临着无法正确划分保管期限、无法保证长期可读性、无法维护真实性等多重风险。电子文件的前后端管理脱节、管理功能不完善、管理制度不健全、管理技术落后等一系列问题，使得大量的电子文件基本处于无序、无规的分散混乱状态，导致我国电子文件面临着严重的失控、失存、失信、失用、失密风险！

一、电子文件归档方法不恰当，直接危及文件信息资源的有效收集

电子文件是各类机构在电子政务、电子商务及其他各类电子化业务中形成的凭证性信息记录。长期以来，机构内的档案部门和各级各类档案馆共同肩负着收集和保管具有保存价值的文件的职责，它们通过归档和移交的方式，将属于归档范围之内的文件集中到档案机构统一管理。国外实践表明，这种集中管理的模式在电子文件时代依然适用。然而，电子文件的生成分散、易于操作等特征，使得传统纸质文件时代的归档时间、归档方法和归档程序都难以满足其要求。

在数量上，机构的电子文件生成量与归档量的比例远远低于传统状态。调查数据表明，42.2%的电子公文没有以任何方式留存，如附图1—3所示。

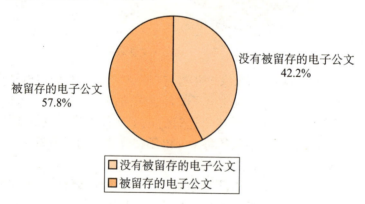

附图1—3　电子公文留存的比例

74.4%的机构没有采用任何措施存留数据库、电子邮件、多媒体文件、网页文件等类型的电子文件，电子文件处于严重的流失状态。

在归档方法上，没有一家机构制定了专门适用于电子文件的保管期限表，大多数机构仍参照纸质文件保管期限执行；电子文件的归档流程要么只是沿用纸质文件的定期集中移交（占40.8％），要么就是简单的系统自动转存（占40.8％）。缺少适用的电子文件保管期限表和科学的方法、流程，就很难保证归档电子文件的完整。因而，目前各机构电子文件归档的有效性很难认定。

在归档范围上，25.6％的机构只接收行政类电子文件和部分业务类电子文件；而剩下74.4％的机构由于电子文件管理系统不完善，无法接收和管理数据库、电子邮件、多媒体文件、网页文件等，如附图1—4所示。这些统计数据表明，这些机构的电子文件很难被及时、准确和完整地收集到档案部门，从而面临严重的电子文件失存风险。

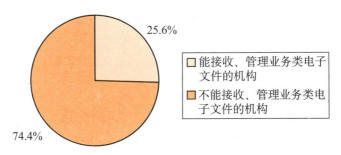

25.6%

□ 能接收、管理业务类电子文件的机构
  不能接收、管理业务类电子文件的机构

74.4%

附图1—4　能否接收、管理业务类电子文件的机构比例

对档案馆的调查数据表明，自2000年以后，各档案馆才开始接收电子文件进馆，而且还有37.9％的档案馆迄今仍未开展电子文件接收工作，如附图1—5所示。

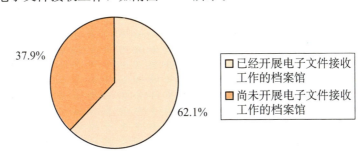

37.9%

□ 已经开展电子文件接收工作的档案馆
  尚未开展电子文件接收工作的档案馆

62.1%

附图1—5　是否已经开展电子文件接收工作的档案馆比例

即便是已经开展电子文件接收工作的档案馆，也只有 3.4%
的档案馆的电子文件管理系统能够接收本地区各机关现行、半
现行的业务类电子文件（包括数据库），6.9%的档案馆的电子
文件管理系统能够接收本地区各机关现行、半现行和非现行的
业务类电子文件（包括数据库），其他 89.7%的档案馆完全没有
关注业务类电子文件，如附图 1—6 所示。

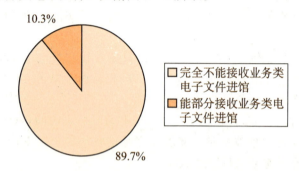

附图 1—6　能否接收业务类电子文件进馆的档案馆比例

不难想象，无论是机构内的档案部门，还是档案馆，都远
未对属于归档范围的电子文件进行有效的接收。前文已经提及，
集中管理模式是经国内外大量实践检验而得出的最佳实践，它
迎合了电子文件的生成特点与管理需求。将电子文件置于专业
部门集中统一管理之下，能够最大限度地保证其质量并为后续
的开发利用工作奠定基础。因此，电子文件在大量生成而长期
缺乏有效集中管理的状态下，必然有很多宝贵的电子文件信息
流失。

**二、电子文件管理理念不正确，直接影响文件信息资源的
质量**

凭证性是电子文件的基本价值，是电子文件管理的根本立
足点和出发点。电子文件既要充当机构开展业务的有效工具，
又要充当机构依法履职的有效证据。电子文件管理的目标就是
保证电子文件的质量，即电子文件的真实性、可靠性、完整性
和可用性。真实性是其首要目标，而调查结果表明，在机构大
量生成和使用电子文件的前提下，居然有 73.5%的机构不承认
电子文件可以代替纸质文件独立行使文件的职能，如附图 1—7
所示。55.1%的机构无法保证其生成的电子文件是真实、可

靠的。

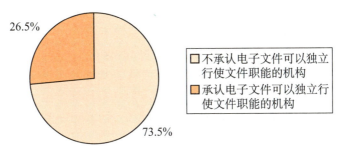

26.5%

□ 不承认电子文件可以独立
　行使文件职能的机构
■ 承认电子文件可以独立行
　使文件职能的机构

73.5%

附图1—7　是否承认电子文件地位的机构比例

即便是在承认电子文件地位的机构中，仍有56.4%的机构的电子文件管理系统缺少电子文件真实性的认证功能，82%的机构和86.2%的档案馆没有捕获证明电子文件真实性的元数据。很难想象，在尚未明确电子文件地位或者缺少保证真实性措施的情况下，这么多的机构"敢于"使用和依靠电子文件去开展业务活动。根据课题组对调查问卷若干问题的关联分析，只有2%的机构的电子文件管理系统能够管理元数据，如附图1—8所示，而有27.6%的机构认为其所保管的电子文件具有证据价值，这样的盲目自信表明对电子文件真实性维护的无知。

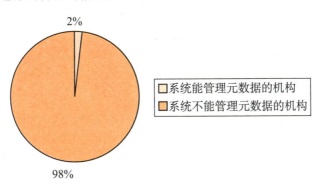

2%

□ 系统能管理元数据的机构
■ 系统不能管理元数据的机构

98%

附图1—8　系统能否管理元数据的机构比例

综上所述，很多机构在电子文件管理问题上存在着严重的盲目性，这种盲目性源于其缺乏对电子文件管理重要性的认识以及科学的电子文件管理理念。

这种认知上的缺陷和管理理念的不科学性，引发了具有"中国特色"的双套制和双轨制的产生。目前，在我国机构文件管理实践中，文件流转总体上来说有仅以纸质文件单轨流转、电子文件与纸质文件共同流转的"双轨制"、仅以电子文件单轨流转三种模式；相应地，电子文件的保存有将电子文件打印成纸质文件保存、电子文件与纸质文件同时保存的"双套制"、仅保存电子文件三种模式。调查结果表明，实行全部电子文件和纸质文件"双轨运行"的机构占53.1%，实行部分电子文件和纸质文件"双轨运行"的机构占24.5%，而真正实现电子文件"单轨运行"的机构只有4%，如附表1—2所示。

附表1—2　　　　　不同类型的电子文件运行模式的比例

运行模式	机构比例（%）
全部电子文件与纸质文件"双轨运行"	53.1
部分电子文件与纸质文件"双轨运行"	24.5
电子文件"单轨运行"	4
纸质文件"单轨运行"	8.4

实行电子文件和纸质文件"双套制保存"的机构占89.8%，"双套制保存"的档案馆占58.6%，如附图1—9所示。

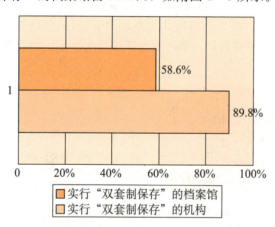

附图1—9　实行"双套制保存"的档案馆和机构比例

如果说"双轨制运行、双套制保存"模式具有特定背景下作为电子文件管理权宜之计的合理性，那么从电子文件特点、信息技术发展、社会需求和国际经验来看，"双轨制运行、双套制保存"的管理模式自身具有"先天不足"与"后天缺陷"，探索并确立电子文件管理"单轨制运行、单套制保存"乃是大势所趋。"后天缺陷"某种程度上背离了信息化建设的初衷，增加了管理成本，造成了资源浪费。更为严重的是，这种模式的"先天不足"，诸如视频、音频、多媒体、数据库等许多种类、格式的电子文件并不能彻底还原成纸质文件输出，即便是有些文本文件能够将内容以纸质形式输出，要维护电子文件真实性、可靠性、完整性和可用性的背景信息也无法得到保障。

因此，"双轨制运行、双套制保存"并不是可以"高枕无忧"的最终模式，它使电子文件面临着新风险。而信息化发达国家的电子文件管理实践无疑向我们传达了这样的信息："电子形式单轨运行、电子形式单套保存"乃是各国电子文件管理的主流模式，也是未来电子文件管理的必然趋势。比如，英国要求所有中央政府及非政府公共机构的电子文件管理系统必须满足《现代化政府》（modernising government）提到的目标——自2004年所有新形成的公共文件必须以电子形式存储和检索。美国也配合《电子政府法案》颁布了《政府文书削减法》。

还需要说明的一点是，在统计数据中，尽管有93.9%的机构认为本机构领导关注电子文件管理问题，但是根据实际的调研情况看，大多数机构领导对于电子文件的认识和理解仍然停留于传统文档管理的范畴，尚未认识到电子文件作为信息资源的重要价值，尚未认识到电子文件管理的重要性和特殊性。因此，档案部门在推进电子文件管理的过程中，仍然遇到权限过窄、人财物缺乏等阻碍，无法真正推进和实施科学的电子文件管理。

三、电子文件管理方法不科学，直接威胁文件信息资源的长期留存

长期保管具有凭证价值的电子文件，使其具有长期的可读性和可用性，是档案部门的根本职责所在。电子文件的特点决定了其长期保管目标不仅取决于后端的档案管理部分，还受到前端文件形成、流转、移交过程中各项工作的影响，比如电子文件的格式、元数据等问题。因此，电子文件管理强调全程管理和前端控制。

从前端看，关乎电子文件长期保管的一个重要因素是元数据问题。元数据的主要功能之一就是为电子文件的真实性和长期保管提供必要的背景信息。因此，从这个角度说，电子文件的管理是基于元数据的管理。缺少元数据，就意味着电子文件

管理是无效的。通过对调查结果的综合判断分析，极少的机构其电子文件元数据结构有专用于实现文件凭证价值和长久保存的元数据。事实上，由于目前我国电子文件元数据标准尚未出台，最好的办法就是参考国际标准。被调查对象中，居然没有一家机构采用国际（外）标准。38.8％的机构声称遵循国家或行业标准采集归档电子文件元数据，其中多数机构遵循《电子文件归档与管理规范》（GB/T 18894-2002）管理电子文件，8％的机构沿用了传统的《档案著录规则》（DA/T 18-1999）来采集归档的电子文件元数据，另外8％的机构没有遵循任何标准，如附表1—3所示。

附表1—3　　　　机构电子文件管理遵循的元数据标准

遵循的标准	比例（％）
国际标准	0
国家或行业标准	38.8
《档案著录规则》	8
没有遵循任何标准	8

由此不难看出，元数据的管理严重缺乏规范性、科学性和统一性，这样即使得到所谓的元数据，也是不完整、不符合要求的。其结果必将导致电子文件真实性、完整性的认定以及长期可读性无法保证，自然也就无法满足电子文件管理的需要。22.5％的机构已经出现电子文件无法读取的问题。

从后端看，当电子文件移交并进入档案馆长期保管之后，只有44.8％的档案馆保存的电子文件格式遵循了国内外相关标准，其中只有7％的档案馆参照了国际标准，如附图1—10所示。这表明我国电子文件的管理尚未与国际接轨，标准化程度较低。

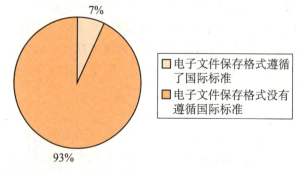

附图1—10　电子文件保存格式遵循国际标准的档案馆比例

保证电子文件的长期可读性应是档案机构的重要任务，但是居然有高达 86.2% 的档案馆尚未制定电子文件的迁移规划，如附图 1—11 所示。

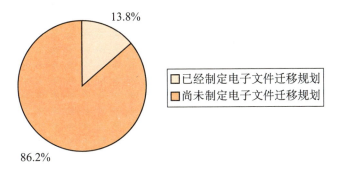

附图 1—11　是否制定电子文件迁移规划的档案馆比例

大部分单位仅停留在定期检查、保存软硬件系统、转换成通用格式等较为初级的措施上。更令人触目惊心的是，31% 的档案馆未采取任何措施以保证电子文件的长期可读性，足见电子文件长期可读性存在的隐患有多大。

相比之下，美国电子文件档案馆项目（ERA）采取了更为全面、科学的电子文件长期保管措施。该项目不但制定了完整的保管流程，而且针对电子文件的不同价值和利用状况，设置了分级式的保管和利用策略。它共设置了三个级别，即第一级别：维持原有格式；第二级别：转换成标准格式；第三级别：原有格式加长期版本。这里的长期版本（PAM）是指将电子文件作为长期保管对象（POP），通过确认并保留其文件的基本特征而使文件独立于特殊的软硬件环境，不受软硬件环境变化的影响。

四、电子文件管理制度不健全，直接损害文件信息资源的整合与利用

电子文件资源的整合和利用，是展现电子文件管理成果的主要途径。尽管有 55.2% 的档案馆认为自身有能力检索并提供所需信息，但是，我们从对电子文件归档、电子文件系统功能和电子文件长期保存问题的分析结果中可以推断出，由于前端的准备工作无法保证，后端的开发利用根本无从谈起。因此，这一数据是不完全可信的。

归档移交是电子文件资源整合和利用的前提，没有真实、完整、充足的电子文件信息通过规范的程序进入档案机构，电子文件的利用就是无源之水。而调查数据一再表明，目前档案机构不但在接收、管理和利用制度上存在着明显的缺失，而且在接收和利用的方法途径上也难以符合电子文件的特点和需求。

长期保管是电子文件利用的保障。如果电子文件无法读取，那么利用也就无从谈起。前文分析已经明确地揭示出电子文件长期保管方面存在的很多问题和风险，这势必会影响到电子文件资源未来的整合和深度开发利用。

电子文件管理制度一方面需要不断地建立和完善，另一方面则需要档案机构切实地贯彻执行。统计数据表明，仍有40.8%的机构的档案部门无权对电子文件归档进行监督或指导，如附图1—12所示。

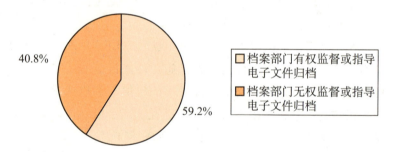

附图1—12 档案部门是否有权监督或指导电子文件归档的机构比例

而且，由于很多档案部门尚未制定科学的归档制度，即便是监督或指导，也不是有根有据、科学合理的。

五、电子文件管理系统功能不完善，直接影响文件信息资源的管理水平

电子文件管理系统是管理电子文件的主要工具。信息社会的文件管理就是要通过完善、科学的管理系统实现传统管理活动的自动化和智能化。电子文件管理系统根据使用主体的不同，分为文件形成机构的电子文件管理系统和档案机构的电子文件管理系统。在机构的调查中，已经使用电子文件管理系统的机构占 79.6%。但由于我国尚未出台电子文件管理系统功能需求标准，没有对电子文件管理系统建设的科学指导，因此，现存系统（或模块）在功能上差异较大。

首先，从系统接收范围的角度看，在这些已有电子文件管理系统（或模块）的机构中，仅有 25.6% 的系统能接收和管理机构内部形成的所有电子文件。74.4% 的电子文件管理系统（或模块）不能接收和管理数据库、电子邮件、多媒体文件、网页文件等。在对档案馆的调查中，已经使用电子文件管理系统的档案馆占 48.3%，是没有使用电子文件管理系统的档案馆（24.1%）的两倍，但仍未过半数。在系统的接收范围上，由于没有统一明确的规定，各地档案馆不尽相同。24.1% 的档案馆的电子文件管理系统能够接收本地区各机关现行、半现行的行政类电子文件，17.2% 的档案馆的电子文件管理系统能够接收本地区各机关现行、半现行和非现行的行政类电子文件，3.4% 的档案馆的电子文件管理系统能够接收本地区各机关现行、半现行的业务类电子文件（包括数据库），6.9% 的档案馆的电子文件管理系统能够接收本地区各机关现行、半现行和非现行的业务类电子文件（包括数据库），如附表 1—4 所示。

附表 1—4   档案馆的电子文件管理系统接收对象情况

接收对象	档案馆比例
本地区各机关现行、半现行的行政类电子文件	24.1%
本地区各机关现行、半现行和非现行的行政类电子文件	17.2%
本地区各机关现行、半现行的业务类电子文件（包括数据库）	3.4%
本地区各机关现行、半现行和非现行的业务类电子文件（包括数据库）	6.9%

其次，从系统功能的角度看，大部分机构声称电子文件管理系统（或模块）仅具有归档、备份、长期保管的功能。但由于我国至今尚无电子文件管理系统功能需求规范，所以有 37 家机构声称其系统具有归档功能，却没有一家有规范的功能需求；

11 家机构声称其系统具有鉴定功能，却没有一家有电子文件保管期限表；22 家机构声称其系统具有元数据捕获的功能，却没有一家执行元数据规范；34 家机构声称其系统具有长期保管功能，却有 21％已经出现了电子文件无法读取的情况；17 家单位的系统具有迁移功能，却仍有 24％已经出现了电子文件无法读取的情况。这说明我国中央和国家机关及其直属企事业单位尚无功能齐备的电子文件管理系统。

再次，从元数据角度看，前文已提及，只有 2％的机构的电子文件管理系统（或模块）具有元数据捕获和对电子文件真实性的认证功能。不能对元数据进行统一管理的系统可以推断为不合格系统。

最后，多数机构的电子文件管理系统的功能仅局限在接收、简单管理、提供利用电子文件：10.3％的机构的电子文件管理系统仅能够接收电子文件，并提供查询利用；27.6％的机构的电子文件管理系统能够对电子文件进行简单的接收、管理和提供利用。这类系统不能算作是真正意义上的电子文件管理系统，充其量只能算作现行文件的集中发布平台。

由此可以得出这样的结论：电子文件管理系统的发展呈现出不统一、不平衡和不完善的状态，大部分只是充当简单的接收、发布平台，并不是真正意义上的电子文件管理系统。同时，还可以看出，由于缺乏统一的建设标准，电子文件管理系统的建设整体上处于低水平重复的状况，不但耗费大量的人力、物力和财力，而且为日后电子文件的有效管理和充分共享带来了严重的风险隐患。

以上对我国电子文件管理现状的调查和分析，敲响了电子文件管理的警钟。国际上电子文件管理方兴未艾，发展日新月异，管理水平日渐攀升，而相比之下我国却仍然处在缓慢的匍匐前行阶段。如果不抓住时机，尽快建立健全电子文件管理体系，改进和提升电子文件管理水平，那么我们与世界的差距将越来越大。

以下是"中国电子文件管理现状"问卷调查表。

中国电子文件管理现状问卷调查表

尊敬的先生/女士：

您好！

感谢贵单位和您的大力支持和帮助！

本项调研主要是通过实地参观、深度访谈与问卷调查相结合的形式，了解当前我国党政机构、企事业单位、综合档案馆电子文件管理的基本现状、问题与困惑，探索如何构建科学合理的、适合中国国情的电子文件管理机制。

我们保证此项调研结果仅用于学术研究，不用于任何商业活动；保证严格保守此项调研中可能涉及的组织或个人的敏感信息（当然，您也可以拒绝回答涉及敏感信息的问题）。

祝愿您工作愉快！

中国科学技术协会"电子文件管理机制研究"课题组
2007 年 10 月 8 日

中国电子文件管理现状问卷调查表
A 表（综合档案馆填写）

说明：本调研表中所说的"电子文件"，亦称"电子记录"（electronic records）是各类机构在电子政务、电子商务及其他各类电子化业务中形成的凭证性信息记录。"电子文件元数据"是指描述电子文件数据属性的数据，包括电子文件的格式、编排结构、软硬件环境、文件处理软件、字处理和图形工具软件、字符集等描述数据。

档案馆名称：＿＿＿＿＿＿＿＿＿＿＿＿＿＿

填写时间：＿＿＿＿＿＿＿＿＿＿＿＿＿＿

1. 贵单位是否已经开始接收电子文件进馆？

A. 是

B. 否

2. 开始接收电子文件进馆的时间是：＿＿＿＿＿＿＿＿＿＿＿＿

3. 目前，贵单位所保存的电子文件数量约是：＿＿＿＿（件）

4. 贵单位是否已经制定并执行有关电子文件移交进馆的规则或办法？

A. 是

B. 否

5. 电子文件移交进馆的方式是：

A. 移交部门使用载体脱机移交

B. 移交部门使用网络进行在线移交

C. 移交部门同时使用载体、网络进行移交

6. 贵单位接收的电子文件是否经过鉴定并划分了保管期限？

A. 是

B. 否

7. 接收归档保存的电子文件是否都有相应的纸质版本？

A. 是

B. 否

8. 归档保存电子文件时是否将有关文件的元数据信息一并保存？

A. 是　　　　　　　　请回答问题 9、10、11

B. 否　　　　　　　　请回答问题 12

9. 归档电子文件元数据的采集遵循何种标准？

A. 国际（外）标准　　　请注明标准名称：_____

B. 国内或行业标准　　　请注明标准名称：_____

C. 其他　　　　　　　请注明标准名称：_____

D. 没有遵循任何已有标准

10. 在电子文件元数据结构中，是否有专用于实现文件凭证价值的元数据？

A. 有

B. 无

C. 不清楚

11. 在电子文件元数据结构中，是否有专用于实现文件长久保存的元数据？

A. 有

B. 无

C. 不清楚

12. 贵单位是否已经使用电子文件管理系统？

A. 是　　　　　　　　请回答问题 13、14

B. 否　　　　　　　　请回答问题 15

13. 该电子文件管理系统接收的电子文件包括：

A. 能够接收本地区各机关现行、半现行的行政电子文件

B. 能够接收本地区各机关现行、半现行的业务电子文件（包括数据库）

C. 能够接收本地区各机关现行、半现行和非现行的行政电子文件

D. 能够接收本地区各机关现行、半现行和非现行的业务电子文件（包括数据库）

14. 该电子文件管理系统的功能主要是：

A. 仅能够接收电子文件，并提供查询利用

B. 能够对电子文件进行简单的接收、管理和提供利用

C. 能够对电子文件及其元数据进行统一管理

D. 能够确保电子文件真实、完整、长期可读和永久保管

15. 贵单位是否已进行电子文件归档的监督或指导工作？

A. 是

B. 否

16. 贵单位保存的电子文件格式是否遵循了国内外相关标准？

A. 是　　　　　　请注明标准名称：＿＿＿＿＿＿＿＿＿＿

B. 否

17. 您认为，贵单位保管的电子文件是否具有证据价值？

A. 是

B. 否

C. 不清楚

18. 贵单位是否已经出现电子文件无法读取的问题？

A. 是

B. 否

19. 为了保证电子文件的长期可读性，贵单位是否已经制定了电子文件迁移的正式规划（政策和流程）？

A. 是

B. 否

20. 遇到合法的电子文件查询请求时，您认为贵单位是否有能力检索并提供所需信息？

A. 是

B. 否

21. 您估计，未来5年，接收进馆的电子文件数量将增加＿＿＿＿＿％。

22. 贵单位是否已经考虑或制定了有关电子文件管理、利用方面的规定？

A. 是　　　　　　请注明名称：＿＿＿＿＿＿＿＿＿＿

B. 否

23. 在电子文件管理活动中，是否采取过如下措施以保证电子文件的可读性（可多选）？

A. 保存主要的电子文件读取所需的软硬件系统

B. 定期对光盘、磁带等数字介质进行可读性检查

C. 定期对保存的不同格式的电子文件进行可读性检查

D. 将特殊格式的电子文件转换为通用格式或长期保存格式的电子文件

中国电子文件管理现状问卷调查表
B表（机关单位填写）

说明：本调研提纲中所说的"电子文件"，亦称"电子记录"（electronic records）是各类机构在电子政务、电子商务及其他各类电子化业务中形成的凭证性信息记录。"电子文件元数据"是指描述电子文件数据属性的数据，包括电子文件的格式、编排结构、软硬件环境、文件处理软件、字处理和图形工具软件、字符集等描述数据。

单位名称：＿＿＿＿＿＿＿＿＿＿＿＿

填写时间：＿＿＿＿＿＿＿＿＿＿＿＿

1. 贵单位生成的电子文件数量约占全部文件数量的＿＿＿＿＿％。

2. 您估计，贵单位2006年电子文件数量增长的比重大概是＿＿＿＿＿％。

3. 贵单位领导是否关注电子文件管理问题？

A. 是

B. 否

4. 贵单位生成的电子文件主要的管理方式是：

A. 由生成者自行保管，需要时提交集中归档

B. 由软件系统按照管理规划主动管理，无需人工干预

C. 不清楚

5. 贵单位是否已经使用具有电子文件管理功能的系统或者模块？

A. 是　　　　　　　　　请回答问题6、7、8、9

B. 否　　　　　　　　　请回答问题10

6. 该电子文件管理系统（或模块）具有的功能包括：（多项选择题）

A. 归档

B. 鉴定

C. 元数据的捕获

D. 备份

E. 长期保管

F. 迁移

7. 贵单位电子文件管理系统（或模块）是否具备对电子文件真实性的认证功能？

A. 有

B. 无

C. 不清楚

8. 该电子文件管理系统（或模块）是否负责接收和管理机构内部形成的所有电子文件（如包括党政文件、业务文件、数据库、电子邮件、多媒体文件、网站文件等）？

A. 是

B. 否　　　　　　　请予以说明：＿＿＿＿＿＿＿

9. 贵单位是由哪个部门负责电子文件管理系统（或模块）及信息的长期维护？

A. 信息技术部门

B. 档案部门

C. 信息技术部门与档案部门合作

D. 其他部门　　　　　　请说明具体部门名称＿＿＿

10. 贵单位电子文件是怎样运转的？

A. 独立运转

B. 与纸质文件双轨运转

C. 部分独立运行，部分双轨运行　　请说明具体情况和比例＿＿

11. 贵单位归档保存的电子文件是否都有相应的纸质版本？

A. 是

B. 否

12. 您认为，贵单位生成的电子文件是否可以代替纸质文件独立行使文件的功能？

A. 是

B. 否

13. 归档保存电子文件时是否将有关文件办理、处理过程等的元数据信息一并保存？

A. 是　　　　　　　请回答问题 14、15、16

B. 否　　　　　　　请回答问题 17

14. 归档电子文件元数据的采集遵循何种标准？

A. 国际（外）标准　　　请注明标准名称：＿＿＿＿

B. 国内或行业标准　　　请注明标准名称：＿＿＿＿

C. 其他　　　　　　　请注明标准名称：＿＿＿＿

D. 没有遵循任何已有标准

15. 在贵单位电子文件元数据结构中，是否有专用于实现文件凭证价值的元数据？

A. 有

B. 无

C. 不清楚

16. 在贵单位电子文件元数据结构中，是否有专用于实现文件长久保存的元数据？

A. 有

B. 无

C. 不清楚

17. 您估计，目前档案部门已保存的电子文件约占贵单位生成的电子文件总量的_____%。

18. 贵单位是否已经考虑或制定有关电子文件移交归档、管理的流程或方法？

A. 是

B. 否

19. 您认为，在未来的 5 年中，贵单位将有多少文件仅以电子文件的形式存在？

A. 低于 50%

B. 等于或高于 50%

C. 不清楚

20. 贵单位档案部门是否有权限对电子文件的形成、归档进行监督和指导？

A. 是

B. 否

21. 如果遇到法律问题需要电子文件作为证据时，您认为贵单位是否能确保电子文件是真实、可靠的？

A. 是

B. 否

C. 不清楚

22. 贵单位是否已经出现电子文件无法读取的问题？

A. 是

B. 否

23. 为了保证电子文件的长期可用性，贵单位是否有电子文件长期保管的正式规划（政策和流程）？

A. 是

B. 否

C. 不清楚

24. 在电子文件管理活动中，贵单位是否采取过如下措施以保证电子文件的可读性（可多选）？

A. 保存主要的电子文件读取所需的软硬件系统

B. 定期对光盘、磁带等数字介质进行可读性检查

C. 定期对保存的不同格式的电子文件进行可读性检查

D. 将特殊格式的电子文件转换为通用格式的电子文件

25. 贵单位如何划分电子文件的保管期限？

A. 尚未划分

B. 参照纸质文件保管期限执行

C. 制定了专门适用于电子文件的保管期限表

D. 不清楚

国外电子文件管理机制及借鉴研究报告

一、研究背景

本报告围绕中国科学技术协会"电子文件管理机制研究"项目国外文献研究的需求[①]和研究目标[②]确定了以下研究目的、研究问题和研究方法作为论文研究的框架。

（一）研究目的

本报告围绕中国科学技术协会"电子文件管理机制研究"项目的研究需求，旨在完成以下三个方面的研究任务：

第一，摸清国外电子文件管理机制现状、分析问题和解决问题的依据和基础；

第二，归纳国外电子文件科学管理的机制特点和模式特点；

第三，针对当前我国电子文件管理机制存在的"电子文件失存，危害电子业务运行和民族记忆力"、"电子文件管理失控，危害国家信息资源控制力"、"电子文件失信，危害政府执政合法和政府执行力"、"电子文件失用，损害党和政府的服务力"等问题[③]，提出值得我国学习和借鉴的经验。

---

① 参见冯惠玲：《中国科学技术协会2007年重点研究课题"电子文件管理机制研究"开题报告》，中国科学技术协会"电子文件管理机制研究"课题组，2007年6月6日（未公开出版）。

② 参见赵国俊：《我国电子文件管理机制的目标定位开题报告》，中国科学技术协会"电子文件管理机制研究"课题组，2007年6月6日（未公开出版）。

③ 参见冯惠玲：《中国科学技术协会2007年重点研究课题"电子文件管理机制研究"开题报告》，中国科学技术协会"电子文件管理机制研究"课题组，2007年6月6日（未公开出版）。

（二）研究问题

本文旨在回答中国科学技术协会"电子文件管理机制研究"项目提出的以下四个方面的研究问题：

第一，各国有哪些与电子文件管理有关的法律、法规、政策和标准？电子文件管理的法规体系及有关法律的制定与推广情况如何？

第二，相关法律、法规、政策中电子文件管理机制的目标是什么？电子文件的属性（资产、资源）及其管理角色是如何定位的？电子文件管理和电子政务、电子商务以及信息化建设的关系如何？

第三，电子文件管理机制目标的主体内容是什么？涉及电子文件管理的纳入机制有哪些？归属哪个部门和哪个领域主管？电子文件管理的控制力、证据力和服务力及其保障机制如何？

第四，国外电子文件管理的模式及特点是什么？国外电子文件管理的成功经验能为我国电子文件管理机制建设提供的借鉴是什么？

（三）研究方法及其局限

本文采用典型案例研究和文献调查研究的方法，围绕研究目的和研究问题调查分析了美国、加拿大、英国、澳大利亚、新西兰、韩国、德国、荷兰、丹麦、瑞典、挪威、芬兰、法国、日本、新加坡、欧盟等国家和地区相关法律、法规、政策和标准中电子文件管理的目标与角色定位，电子文件管理的机制与模式特点以及能为我国电子文件管理机制建设提供的借鉴。

对国外电子文件管理机制的调查，以回答研究问题为调查目标，以英文相关法律、法规、政策和标准一次文献为主要调查和分析对象；对非英语母语的国家，同时收集相关英文学术期刊论文，辅助研究相关问题。

二、研究结果及分析

课题组按研究任务分工协作，对美国、加拿大、英国、澳大利亚、新西兰、韩国、德国、荷兰、丹麦、瑞典、挪威、芬兰、法国、日本、新加坡、欧盟等国家和地区电子文件和数字档案管理有关的法律、法规、政策和核心标准开展了现状调查，调查结果见附表2—1。

此部分从三个方面分析了相关法律、法规、政策和标准中电子文件管理的目标与角色定位，电子文件管理的机制特点和电子文件管理的模式特点，综合回答了所提出的研究问题。

（一）相关法律、法规、政策和标准中电子文件管理的目标与角色定位

附表 2—2 揭示了美国、加拿大、英国、澳大利亚、新西兰、韩国、德国、荷兰、丹麦、瑞典、挪威、芬兰、法国、日本、新加坡、欧盟等国家和地区电子文件管理的目标及其角色定位，以及电子文件管理与电子政务、电子商务和信息化建设的关系，要点如下：

美国电子文件管理被纳入《电子政府法案》（2002）。电子文件管理如同文件管理一样，被看成是政府行政管理效率的有机组成部分，电子文件管理被视为政府资源管理的重要内容。

加拿大电子文件管理被纳入《统一电子商务法》（1999）、《统一电子证据法》（1998）、《个人信息保护与电子记录法》（2000）、《加拿大信息管理政策》（2007）、《加拿大政府信息管理框架》（2004）。电子文件管理被纳入电子证据管理法律体系和信息管理框架，电子文件管理被看成是政府活动证据与信息资产管理的重要内容。

英国电子文件管理被纳入《政府现代化白皮书》（1999）、《电子政府政策框架内的电子文件管理》（2001）、《信息资产登记》（2000）。电子文件管理被看成是电子政府管理的重要技术支持，看成是社会公共信息资源和资产管理的重要内容、政府变革管理的重要内容。

澳大利亚电子文件管理被纳入《包括电子文件管理的文件管理绩效审计》（2006）。电子文件管理被看成是电子事务活动的有机组成部分，是电子政府绩效管理和法律责任管理的重要内容，是电子政府的数字解决方案，是政府变革管理的重要内容。

新西兰电子文件管理被纳入《公共文件法》（2005）。电子文件管理被看成是公共机构的法律责任，是政府变革管理的重要内容。

韩国电子文件管理被纳入《公共文件管理法》（2006）。电子文件管理被看成是公共机构透明度的体现和对行政负责任的

要求。

欧盟电子文件管理被纳入 e-Europe 动议框架中，作为推动电子政务、电子商务以及欧洲文化遗产数字化的关键环节。

德国电子文件管理被纳入 IVBB 联邦政府两地电子政务网络的建设之中，并在联邦政府在线项目（BundOnline-2005）中得到发展和完善。

荷兰电子文件管理由国家档案馆主导，翻译并采纳了 ISO 15489 作为本国电子文件管理的指导性文件。如何长期保存政府生成的电子文件是其关注的重点。

丹麦电子文件管理由丹麦国家档案馆担纲，主要管理依据是《档案法》。倡导中央政府全部使用电子文件替代纸质文件，从而实现真正意义上的电子文件管理。

瑞典公共电子文件（official document）管理由瑞典国家档案馆主管，管理依据是《档案法令》（1991）、《新闻自由法》（1766）、《档案法》（1990）、《瑞典国家档案馆档案管理规定及细则》（1991），电子文件管理被纳入电子政府管理框架，由瑞典国家档案馆指导。

挪威电子文件管理由国家档案馆负责，管理依据是《档案法》（1992）、《电子文件档案馆移交暂行规定》（2004），电子文件管理按《挪威公共管理机构电子文件管理系统功能需求》（1999）开展。

芬兰电子文件管理由国家档案馆负责，管理依据是《档案法》（1994）、《电子文件保护规范》（2006），电子文件管理纳入《公共领域的电子服务与交流》（2003），电子文件服务纳入《国家档案馆服务的国际评估》（2006）和《国家档案馆服务 2010 战略规划》（2006）。

日本电子文件管理由大学和社会文件管理咨询机构引导，管理依据是《公共档案馆法》（1987）、《信息公开法》（1999）、ISO 9000 质量管理标准，电子文件管理按《JISC 0902-1：2005-信息与文献——文件管理》（2005）执行，纳入机构质量管理体系。

法国电子文件管理由国家档案馆、法国国家标准化委员会、法国信息与文献专业协会建立工作小组引导电子文件管理，管理依据是《法兰西共和国档案法》（1979），并提出 AAF-ADBS 《ISO 15489 法国本土化应用》（2005），采用欧盟（Morq-2001）

及 ISO（ISO 15489-2001，OAIS-2003）指导电子文件管理实践。

新加坡电子文件管理由信息资源管理机构负责，管理依据是《证据法》（1893）、《电子交易法》（1998）、《新加坡信息传播发展授权法》（1999），电子文件管理纳入《网络信息资源评估标准》（1997）、《个人数据保护》（2002）、《认证的安全条例》（2003）、《信息安全的实践规范》（2003）。

研究揭示了这些国家和地区在电子文件管理目标与角色的定位方面的成功经验：电子文件管理被纳入电子政府管理、公共管理和信息管理的法律与责任要求中，电子文件管理是电子政务、电子商务以及信息化建设的重要保障，是政府机构责任、效率、透明度与绩效审计、政府变革管理的内容。

（二）相关法律、法规、政策和标准中电子文件管理机制的特点

附表 2—3 揭示了美国、加拿大、英国、澳大利亚、新西兰、韩国、德国、荷兰、丹麦、瑞典、挪威、芬兰、法国、日本、新加坡、欧盟等国家和地区电子文件管理机制的特点如下：

美国电子文件管理机制的特点是：控制力保障的关键是实施《政府文书削减法》（1998）和《文件处置法》（1943）；证据力保障的关键是实施《电子文件管理系统功能需求》（2002）规范；服务力保障的关键是实施《联邦登记法》（1936）和《信息自由法》（1996）。

加拿大电子文件管理机制的特点是：控制力保障的关键是实施《加拿大信息管理政策》（2007）、《加拿大政府信息管理框架》（2004）；证据力保障的关键是实施《统一电子证据法》（1998）；服务力保障的关键是实施《信息利用法》（1985）。

英国电子文件管理机制的特点是：控制力保障的关键是实施《电子政府政策框架内的电子文件管理》（2001）；证据力保障的关键是实施《电子文件信息法律可采性行动规则》（1999）、《电子文件管理系统功能需求》（2004）；服务力保障的关键是实施《信息自由法》）（2000）、《数据保护法》（1998）。

澳大利亚电子文件管理机制的特点是：控制力保障的关键是实施《档案法》（1983）；证据力保障的关键是实施《证据法》（1995）、《电子贸易法》（1999）和《电子文件管理系统功能需求》（2006）；服务力保障的关键是实施《个人及其隐私信息保

护法》（1988）、《信息自由法》（1982）。

新西兰电子文件管理机制的特点是：控制力保障的关键是实施《新西兰公共文件法》（2005）；证据力保障的关键是实施《电子文件管理系统功能需求》（2005）；服务力保障的关键是实施《公共文件法影响下的利用决策》（2005）。

韩国电子文件管理机制的特点是：控制力保障的关键是实施《公共文件管理法》（2006）；证据力保障的关键是实施《电子签名法》（2005）、《电子贸易基本法》（2002）。

欧盟电子文件管理机制的特点是：控制力保障的关键是实施《电子文件管理通用需求》（MoReq）（1999）；证据力保障的关键是《电子签名指令》（1999）、《电子商务指令》（2000）和《电子文件管理系统功能需求》（2008）；服务力保障的关键措施是《数据保护指令》（1995）、信息自由相关法律规定、电子数据交换相关规则。

德国电子文件管理机制的特点是：控制力保障的关键是实施《电子业务活动过程中的文件管理与电子归档》（2005）、《电子政府手册》（2004）；证据力保障的关键是即将实施《电子签名法》（草案）；服务力保障的关键是实施《联邦在线2005》。

荷兰电子文件管理机制的特点是：控制力保障的关键是实施《档案法》（1995）、NEN-ISO 15489；证据力保障的关键是实施《电子签名法》（2003）；服务力保障的关键是实施《档案整理和利用规则》（2002）、《开放政府法案》（1998）、《个人数据保护法》（2000）。

丹麦电子文件管理机制的特点是：控制力保障的关键是实施《档案法》（2000）；证据力保障的关键是实施《电子签名法》（2000）；服务力保障的关键是实施《公共政府案卷利用法》（1985）、《个人数据处理法》（2000）、《公共部门信息再利用法》（2005）。

瑞典电子文件管理机制的特点是：控制力保障的关键是实施《档案法》（1990）；证据力保障的关键是实施ISO 15489国家标准；服务力保障的关键是实施《新闻自由法》（1766）和《保密法》（1980）。

挪威电子文件管理机制的特点是：控制力保障的关键是实施《档案法》（1992）；证据力保障的关键是实施《电子文件档

案馆移交暂行规定》（2004）；服务力保障的关键是实施《挪威公共管理机构电子文件管理系统功能需求》（1999）。

芬兰电子文件管理机制的特点是：控制力保障的关键是实施《档案法》（1994）；证据力保障的关键是实施《电子文件保护规范》（2006）；服务力保障的关键是实施《公共领域的电子服务与交流》（2003）、《国家档案馆服务的国际评估》（2006）、《国家档案馆服务 2010 战略规划》（2006）。

日本电子文件管理机制的特点是：控制力保障的关键是实施《公共档案馆法》（1987）；证据力保障的关键是实施《电子签名及认证服务法》（2001）、《JISC0902-1：2005-信息与文献——文件管理》（2005）；服务力保障的关键是实施《信息公开法》（1999）、《高速信息通信网络社会形成基本法》（2000）、《个人信息保护法》（2003）。

法国电子文件管理机制的特点是：控制力保障的关键是实施《法兰西共和国档案法》（1979）；证据力保障的关键是实施《关于密码设备和提供服务由许可改为提前申报的决定》（1999）、《执行民法 1316-4 条有关电子签名的法令》（2001）、《证书操作规则》（2001）；服务力保障的关键是实施《法国自由、档案、信息法》（1978）、《公共文件的服务能力与管理者之间公共文件的收集、保护和交流》（1979）、《NFZ42-014 数字信息和文件远程利用、因特网及内联网保护指南》（2002）和 ISO 文件、档案管理国际标准（ISO 15489-2001，OAIS-2003）。

新加坡电子文件管理机制的特点是：控制力保障的关键是实施《网络信息资源评估标准》（1997）；证据力保障的关键是实施《证据法》（1893）、《认证的安全条例》（2003）、《信息安全的实践规范》（2003）；服务力保障的关键是实施《电子交易法》（1998）、《新加坡信息传播发展授权法》（1999）、《个人数据保护》（2002）。

研究揭示，这些国家和地区在电子文件管理的控制力、证据力和服务力方面共同的成功经验是对电子文件进行法制化和规范化全程管理。控制力保障的有效途径是制定与实施档案法、文件处置法、电子文件或信息管理框架，制定公共文件法，赋予国家档案馆电子文件管理的权力；证据力保障的有效途径是将电子文件证据保证要求纳入证据法、电子签名法和电子事务活动法，纳入电子文件管理系统要求的规范之中，保证文件属性和文件系统属性，采纳并应用文件管理国际标准；服务力保障的有效途径是制定和实施登记法、数据保护法、信息自由法、新闻自由法、信息利用法（公共部门信息再利用法和政府信息开放法案）、电子数据交换法，将文件利用纳入国家法律体系。

（三）相关法律、法规、政策和标准中电子文件管理模式的特点

附表 2—1 和附表 2—4 揭示了美国、加拿大、英国、澳大利亚、新西兰、韩国、德国、荷兰、丹麦、瑞典、挪威、芬兰、法国、日本、新加坡、欧盟等国家和地区电子文件管理模式的特点如下：

美国电子文件管理模式的特点是：没有针对电子文件管理的专门法律，联邦政府立法管理联邦政府文件，包括电子文件；电子文件管理被纳入电子政府行政管理体系，国家档案与文件管理署被授权管理联邦政府的文件和档案；电子文件管理要求被纳入电子政府信息系统构建；ISO 15489 被作为制定相关文件管理国家标准（包括电子文件管理）的依据。

加拿大电子文件管理模式的特点是：没有针对电子文件管理的专门法律，加拿大政府立法管理政府信息，包括电子文件和档案；电子文件管理被纳入政府信息管理、证据管理的法律与政策。

英国电子文件管理模式的特点是：专门制定有针对电子文件管理的管理政策框架和文件管理者实践规范，电子文件管理被纳入现代政府的构建和电子政府的治理，电子文件管理要求被纳入电子政府信息系统构建，ISO 15489 被采纳为国家标准。

澳大利亚电子文件管理模式的特点是：实施《档案法》（1983），制定成套和健全的文件管理规范，包括电子文件管理；电子文件管理被纳入事务活动管理及政府机构审计及其文件管理绩效审计；电子文件管理要求被纳入电子政府信息系统的构建，ISO 15489 被采纳为国家标准。

新西兰电子文件管理模式的特点是：专门制定包括电子文件管理的《新西兰公共文件法》（2005），替代《档案法》（1957），文件管理被列入公共管理机构高级管理层的责任体系；电子文件管理要求被纳入电子政府信息系统的构建，ISO 15489

被采纳为国家标准。

韩国电子文件管理模式的特点是：专门制定有包含电子文件管理的《公共文件管理法》（2006）；电子文件管理被纳入电子政府管理和机构事务管理，ISO 15489 被采纳为国家标准。

欧盟电子文件管理模式的特点是：没有形成统一的、专门针对电子文件的法律，但是电子文件管理被纳入包括电子政务、电子商务、文化遗产数字化在内的信息化整体建设框架。通过欧盟设立的 DLM 统一领导和协调欧盟成员国的电子文件管理活动，制定 MoReq 标准，逐步推广、适用于每一个成员国，从而规范整个欧盟的电子文件管理实践。

德国电子文件管理模式的特点是：较为注重电子政务的建设，将电子文件作为提高政府效能的重要工具，同时关注公民对于电子政务信息的利用。在 DOMEA 中，设计了较为独特的文件、文件集合和案卷分层管理的理念，按照登记系统、电子文件和工作流管理层层推进电子文件的管理活动。由于特殊的历史背景，德国还开展了东德机读文件的拯救项目，在文化遗产的数字化方面也有一定的投入。

荷兰电子文件管理模式的特点是：开放式地吸纳了国际上一些通行的标准和做法，包括 ISO 15489、MoReq、DoD 5015.2-STD 和 DIRKS。国家档案馆主导电子文件管理活动，开展数字保管试点项目，针对不同类型的数字文件展开一系列的实验，从而制定了保管数字文件的最佳策略。

丹麦电子文件管理模式的特点是：制定了以电子文件全面替代纸质文件的目标，在《档案法》（2000）中囊括了电子文件的管理内容。除了一些原则性条款，各省和地方机构可以根据实际灵活操作。其关注的重点是电子文件的移交问题，以及各机构采用的电子文件管理系统必须事先告知国家档案馆备案，系统停止使用后需移交国家档案馆保存。

瑞典电子文件管理模式的特点是：与文件形成机构合作，形成了一系列通用的文件档案管理规范（包括电子文件），尤其是在文件形成—登记—管理—利用的过程中采用了 OAIS 模型，形成了指导电子文件形成与捕获的元数据规范，将 ISAD（G）档案著录等级及元素要求嵌入文件登记系统保证文件形成足够的背景信息。所有公共文件的形成、保管和利用机构均需按

《档案法》（1990）要求，遵循这些规范，有效地实施了电子文件的前端控制和全程控制。

挪威电子文件管理模式的特点是：以《挪威公共管理机构电子文件管理系统功能要求》（1999）研制为先导，规范电子文件管理活动及其系统的设计与实施。

芬兰电子文件管理模式的特点是：将电子文件管理纳入国家档案馆电子服务体系，开展国家档案馆服务的国际评估，将电子文件管理纳入《国家档案馆服务 2010 战略规划》。

日本电子文件管理模式的特点是：将电子文件管理纳入机构质量管理和质量服务体系，由大学和社会文件管理咨询机构引导。

法国电子文件管理模式的特点是：建立由国家档案馆、法国国家标准化委员会、法国信息与文献专业协会组成的工作小组引导电子文件管理，广泛采用国际标准指导电子文件管理实践。

新加坡电子文件管理模式的特点是：将电子文件管理纳入国家信息资源管理体系、电子事务活动和信息安全管理规范。

研究揭示，这些国家和地区在电子文件管理模式方面共同的成功经验是：微观管理信息化与集成化，电子文件管理被纳入电子事务管理过程、责任管理一致性要求、绩效审计、电子信息系统构建功能要求、质量管理体系等信息化、数字化建设工程和业务管理体系；中观管理合作化与规范化，ISO 15489 被采纳为国家标准，广泛应用于各部门；宏观管理社会化与法制化，制定有公共文件管理法、档案法等法律。

三、研究结论及借鉴

研究揭示，这些国家和地区在电子文件管理目标与角色的定位方面、在电子文件管理机制方面和电子文件管理模式方面值得借鉴的共同经验是："微观管理信息化与集成化"，将电子文件管理要求纳入电子文件系统和电子信息系统构建，为电子政务与电子商务提供保证电子文件真实性及其长久保存的技术解决方案和支持。"中观管理合作化与规范化"，采纳或引用 ISO 15489 文件管理国际标准，全社会广泛推广应用国际化文件管理最佳实践，机构全员参与和全过程参与文件管理。在区域性范围内，采用了局部标准化的协调管理，通过制定统一的标准和规范，逐步替代各国原有的制度，从而达到管理活动规范化的目标。"宏观管理社会化与法制化"，将电子文件管理纳入政府公共管理法规体系以保证电子文件控制力，纳入业务活动法规体系以保证电子文件证据力，纳入信息利用法规体系以保证电子文件服务力。其中，最值得我国学习和借鉴的电子文件管理的成功经验是其将社会化和法制化纳入机制，具体如下。

（一）国外电子文件控制力保障机制借鉴：纳入政府公共管理法规体系

国外电子文件控制力保障机制值得借鉴的经验有：美国、加拿大、英国、德国、荷兰、瑞典、芬兰、挪威、韩国等国将电子文件管理纳入电子政府相关法律法规政策，并委托国家档案馆确保电子文件管理法律法规的切实施行；加拿大政府有责任代表加拿大公民来管理信息，以电子形式收集或者形成的信息必须准确、完整、相关而且明晰，并且随着时间的流逝和技术的变更，仍然能够被获取和利用；澳大利亚和新西兰将文件管理（包括电子文件管理）审计纳入政府责任和绩效评估中，强调基于证据的政府治理和过程管理；为了得到公众的信任，加拿大把电子文件管理纳入信息资产管理中，认为信息是一种有价值的资产；韩国专门制定了包含电子文件在内的《公共文件管理法》，电子文件管理被纳入电子政府管理和机构事务管理。

国外电子文件管理控制力保障机制值得借鉴的共同经验是：将电子文件管理纳入政府公共管理法规体系。文件管理包括电子文件管理，被纳入与文件管理相关的政府公共管理法律体系，文件管理具有很强的权威性、强制性，文件管理法制化的观念深入人心，从法律高度上确定了文件管理的地位，电子文件具有很强的法律效力，由此保证了电子文件管理的执行力，避免了电子文件失存、失控等现象的产生。

（二）国外电子文件证据力保障机制借鉴：纳入事务活动法规体系

国外电子文件证据力保障机制值得借鉴的经验有：加拿大的《统一电子证据法》；澳大利亚、新加坡的《证据法》；英国的《电子文件信息法律可采性行动规则》；荷兰、韩国、丹麦的《电子签名法》；欧盟的《电子签名指令》；日本的《电子签名及认证服务法》及美国、英国、澳大利亚、新西兰、挪威和欧盟的《电子文件管理系统功能需求》。加拿大、美国、英国、法国、丹麦、瑞典、荷兰、韩国、日本等国采纳并应用和发展了 ISO 15489 文件管理规范。

国外电子文件管理证据力保障机制值得借鉴的共同经验是：将电子文件管理纳入业务活动法规体系和规范体系。电子文件的证据力保证被纳入业务活动的责任与法律一致性要求，纳入电子政务、电子商务的业务活动及活动系统的法律事务要求，保证了电子文件的证据力效用。实施《电子文件管理系统功能需求》和 ISO 15489 是电子文件管理证据力保障的必要条件。

（三）国外电子文件服务力保障机制借鉴：纳入信息利用法规体系

国外电子文件服务力保障机制值得借鉴的经验有：美国、英国、澳大利亚、欧盟的信息自由相关法规；日本的《信息公开法》；加拿大的《信息利用法》和丹麦的《公共部门信息再利用法》、《公共政府案卷利用法》；澳大利亚的《个人及其隐私信息保护法》；英国的《数据保护法》；荷兰的《个人数据保护法》；丹麦的《个人数据处理法》；日本的《个人信息保护法》；新加坡的《个人数据保护》；欧盟的电子数据交换相关规则；瑞典的《新闻自由法》和《保密法》；新加坡的《网络信息资源评估标准》和《信息资源评估》。它们具体规定了如何利用包括电子文件在内的信息资源，以信息公开、提供利用为原则，详细列出了信息能提供利用的注意事项，以法律形式确保信息能提供利用，保障电子文件的服务力。为了推进《信息自由法》的实施，各国均设置了相应的组织机构。美国、加拿大设立了信息主管，落实《信息自由法》的具体实施。美国联邦政府专门设置了联邦管理与预算局，建立信息主管制度。加拿大在加拿大财政秘书处中也设立了信息主管。澳大利亚的信息服务尤其具有特色，由澳大利亚和新西兰的 10 多个档案馆联合建立了数字文件形成与管理联盟，共同管理电子文件，提供电子文件和数字档案管理的咨询服务，并为管理机构和档案馆的数字文件提供描述规范、数据保存格式要求、数字档案馆真实性保障规范、数字文件的来源与真实性维护、机构间及机构向档案馆移交文件的规范、资源发现元数据集、检索辞典，以建立和完善文件与信息管理的功能要求。

国外电子文件管理服务力保障机制值得借鉴的共同经验是：

将电子文件纳入信息利用法规体系，将电子文件视为政府信息资源和公共信息资产的重要组成部分，把电子文件与其他类型的信息资源进行集成管理和集成服务。

值得一提的是，除了上述经验外，个别国家在电子文件管理方面创造性的大胆尝试也是值得我们关注的。例如：丹麦明确提出国家政府将全面使用电子文件替代纸质文件，这在国际上是一个创举，即便是在电子文件管理比较发达的美国、英国和澳大利亚等国家也尚未有此表示。此外，丹麦还采用了国家档案化控制的理念，它对国家机构使用的电子文件管理系统实施了告知备案制度，有关电子文件管理系统的功能和技术信息必须要符合档案法的规定并告知国家档案馆，同时系统停止使用之后需要像文件一样归档，移交国家档案馆。由此，我们还可以总结出一个经验：电子文件管理机制的制定和实施必须是基于国情、政情和民情的，只有这样才能保证它被顺利执行和充分贯彻。在整体机制的设计中，应该分清层次，抓住我国电子文件管理面临的最大问题，重点击破，否则将导致无所适从。

最后，不少国家委托国家档案馆成立专门的电子文件管理专家委员会，代表政府参与各部门电子文件管理相关法律、法规和标准的制定与协调，这一经验也值得我国学习和借鉴。

主要参考文献

1. Allen Weinstein 2005. NARA Enters New "ERA" of Electronic Records Management. Information Management Journal 39，no. 5（September 1）：22-24. http：//www. proquest. com. ezproxy. lib. ruc. edu. cn/（accessed December 25，2007）

2. David O Stephens 1997. Denmark：Toward global leadership in electronic archives and records management. ARMA Records Management Quarterly 31，no. 3（July 1）：62-68 ＋. http：//www. proquest. com. ezproxy. lib. ruc. edu. cn/（accessed December 25，2007）

3. David O Stephens 1998. Records management in China：Part 1—introduction. ARMA Records Management Quarterly 32，no. 2（April 1）：74—76. http：//www. proquest. com. ez-

proxy. lib. ruc. edu. cn/（accessed December 25，2007）

4. David O Stephens 1998. Records management in China：Part Ⅱ—legal recordkeeping requirements. ARMA Records Management Quarterly 32，no. 3（July 1）：66-70. http：//www. proquest. com. ezproxy. lib. ruc. edu. cn/（accessed December 25，2007）

5. David O Stephens 1999. Archives and records management in the Netherlands. Information Management Journal 33，no. 4（Octob-er 1）：64-69. http：//www. proquest. com. ezproxy. lib. ruc. edu. cn/（accessed December 25，2007）

6. David O Stephens 2005. The Sarbanes-Oxley Act：Records management implications. Records Management Journal 15，no. 2（May 1）：98-103. http：//www. proquest. com. ezproxy. lib. ruc. edu. cn/（accessed December 25，2007）

7. Hiroata，Denichiro. Administrative document management within Japanese local government：The ongoing challenge for chane in awareness. Records Management Bulletin.（136）March. 2007：36-40

8. Lars Heide 2004. Monitoring People：Dynamics and Hazards of Record Management in France，1935—1944. Technology and Culture 45，no. 1（January1）：80-101. http：//www. proquest. com. ezproxy. lib. ruc. edu. cn/（accessed December 25，2007）

9. Laurie Sletten 1999. Lessons from Down under：Records management in Australia. Information Management Journal 33，no. 1（January 1）：26-32. http：//www. proquest. com. ezproxy. lib. ruc. edu. cn/（accessed December 25，2007）

10. Martin Waldron 2004. ADOPTING ELECTRONIC RECORDS MANAGEMENT：EUROPEAN STRATEGIC INITIATIVES. Information Management Journal 38，no. 4（July 1）：30-35. http：//www. proquest. com. ezproxy. lib. ruc. edu. cn/（accessed December 25，2007）

11. Martine de Boisdeffre 2006. The importance of records management in France. Records Management Journal16，no. 2（January 1）：76-81. http：//www. proquest. com. ezproxy. lib. ruc. edu. cn/（accessed December 25，2007）

12. Olivier Loussouarn 2006. Records management：A case study from the French Ministry of Justice. Records Management Journal 16，no. 2（January 1）：91-96. http：//www. proquest. com. ezproxy. lib. ruc. edu. cn/（accessed December 25，2007）

13. Pierre Fuzeau 2003. Records management：France in search of a direction. Records Management Journal 13，no. 3（January 1）：130-135. http：//www. proquest. com. ezproxy. lib. ruc. edu. cn/（accessed December 25，2007）

14. Stephens，David O 1994. Records management in Australia. ARMA Records Management Quarterly 28，no. 1（January 1）：56. http：//www. proquest. com. ezproxy. lib. ruc. edu. cn/（accessed December 25，2007）

15. Stephens，David O 1994. Records management in Italy. ARMA Records Management Quarterly 28，no. 4（October 1）：64. http：//www. proquest. com. ezproxy. lib. ruc. edu. cn/（accessed December 25，2007）

16. Stephens，David O 1994. Records management in Japan. ARMA Records Management Quarterly 28，no. 2（April 1）：62. http：//www. proquest. com. ezproxy. lib. ruc. edu. cn/（accessed December 25，2007）

17. Stephens，David O 1994. Records management in Norway. ARMA Records Management Quarterly 28，no. 3（July 1）：64. http：//www. proquest. com. ezproxy. lib. ruc. edu. cn/（accessed December 25，2007）

18. Stephens，David O 1995. Records management in the United Kingdom：Part Ⅰ — Historical developments. ARMA Records Management Quarterly 29，no. 4（October 1）：74.

http：//www. proquest. com. ezproxy. lib. ruc. edu. cn/ （ accessed December 25，2007)

19. Stephens，David O 1996. Records management in the United Kingdom：Part Ⅱ—Records retention. ARMA Records Management Quarterly 30，no. 1 （January 1）：76. http：//www. proquest. com. ezproxy. lib. ruc. edu. cn/ （ accessed December 25，2007)

20. James L Parrish Jr，James F Courtney. 2007. Electronic Records Management in Local Government Agencies：The Case of the Clerk of Courts Office in Lake County Florida. Information Systems Management 24，no. 3 （July 1）：223-229. http：//www. proquest. com. ezproxy. lib. ruc. edu. cn/ (accessed December 25，2007)

21. Maija-Leena Huotari，Marjo Rita Valtonen. 2003. Emerging Themes in Finnish Archival Science and Records Management Education. Archival Science 3，no. 2 （April 1）：117-129. http：//www. proquest. com. ezproxy. lib. ruc. edu. cn/ (accessed December 25，2007)

22. Records management in the United Kingdom：Part Ⅰ-Historica. 1995. ARMA Records Management Quarterly 29，no. 4 （October 1）：74. http：//www. proquest. com. ezproxy. lib. ruc. edu. cn/ (accessed December 25，2007)

23. Stephens，David O，Roberts，David. 1996. From Australia：The world's first national standard for records management. ARMA Records Management Quarterly 30，no. 4 （October 1）：3-7＋. http：//www. proquest. com. ezproxy. lib. ruc. edu. cn/ (accessed December 25，2007)

24. 中国科学技术协会"电子文件管理机制研究"课题组. 国外电子文件管理机制相关法律、法规、政策、标准汇编，2007

25. 中国科学技术协会"电子文件管理机制研究"课题组. 国外电子文件管理机制相关典型案例译文，2007

附表 2—1　　国外与电子文件管理相关的法律、法规、政策
和核心标准的调查结果

	法律、法规、政策、标准等
美 国	《电子政府法案》（E-government Act，2002）
	《政府文书削减法》（Government Paperwork Elimination Act，1998）
	《文书削减法》（Paperwork Reduction Act，1980，1995）
	《信息自由法》（Freedom of Information Act，1960）
	《联邦报告法》（Federal Reports Act，1942）
	《文件处置法》（Record Disposal Act，1942）
	《联邦登记法》（Federal Register Act，1935）
	《美国国家档案与文件管理署鉴定政策》（NARA's Appraisal Policy，2007）
	《鉴定政策》（Appraisal Policy，NARA，2006）
	《联邦政府组织架构文件管理框架》（Federal Enterprise Architecture Records Management Proflie，2005）
	《ANSI/ARMA 12-2005 建立字母顺序的、数字的和主题检索系统》（ANSI/ARMA 12-2005 Establishing Alphabetic，Numeric and Subject Filing Systems）
	《ANSI/ARMA 9-2005 管理电子邮件文件的功能需求》（ANSI/ARMA 9-2005 Requirements for Managing Electronic Messages as Records）
	《ANSI/ARMA 8-2005 文件和信息保管期限管理（PDF）》（ANSI/ARMA 8-2005 Retention Management for Records and Information（PDF））
	《ANSI/AIIM/ARMA TR48-2004 电子文档管理系统和电子文件管理系统集成框架》 《ANSI/AIIM/ARMA TR48-2004 Framework for Integration of Electronic Document Management Systems and Electronic Records Management Systems》
	《ANSI/ARMA 5-2003 重要文件：识别、管理和恢复重要业务的文件标准》 （ANSI/ARMA 5-2003 Vital Records：Identifying，Managing，and Recovering Business-Critical Records）
	《ANSI/ARMA TR-01-2002 文件中心运行标准》（ANSI/ARMA TR-01-2002 Records Center Operations） 《业务部门电子文件管理项目经验分析》（Analysis of Lessons Learned for Enterprise-wide ERM Projects，NARA，2006）

续前表

	法律、法规、政策、标准等
美国	《电子文件管理》（Electronic Records Management，NARA，2006）
	《文件管理指南——PKI数字签名真实、安全迁移文件》（Records Management Guidance for PKI Digital Signature Authenticated and Secured Transaction Records，2005）
	《电子文件档案馆功能需求》（Ectronic Records Archives Requirements Document，NARA，2004）
	《文件管理指南——公共密钥架构特定管理文件》（Records Management Guidance for PKI-Unique Administrative Records，2003）
	《联邦文件处置》（Disposition of Federal Records，NARA，2000）
	《档案著录：内容标准》（Describing Archives：A Content Standard，SAA，2004）
	《文件信息管理风险自我评估》（Risk Profiler Self-Assessment for RIM，ARMA，2004）
	《置标档案著录：置标标识集》（Encoded Archival Description：Tag library，SAA，version 2，2002，version 1，1999）
加拿大	《加拿大图书馆和档案馆法》（Library and Archives of Canada Act，2004）
	《加拿大政府信息管理框架》（Framework for the Management of Information in the Government of Canada，2004）
	《加拿大信息管理政策》（Policy on Information Management，2007）
	《个人信息保护与电子记录法》（Personal Information Protection and Electronic Document Act，2000）
	《统一电子商务法》（Uniform Electronic Commerce Act，1999）
	《统一电子证据法》（Uniform Electronic Evidence Act，1998）
	《加拿大证据法》（Canada Evidence Act，1985）
	《信息安全法》（Security of Information Act（R.S.1985，c.O-5））
	《信息利用法》（Access to Information Act，1985）
	《信息管理能力核检工具与方法标准》（Information Management Capacity Check Tool and Methodology，2006）
	《加拿大档案标准——档案著录规则》（Canadian Archival Standard—Rules for Archival Description，2005）
	《加拿大政府网络资源元数据执行指南》（Government of Canada Metadata Implementation Guide for Web Resource，2004）
	《财政部信息管理标准——第一部分：政府在线元数据标准》（Treasury Board Information Management Standard，Part 1：Government On-Line Metadata Standard，2001）

续前表

	法律、法规、政策、标准等
加拿大	《财政部信息管理标准——第二部分：控制词汇标准》（Treasury Board Information Management Standard, Part 2：Controlled Vocabulary Standard，2001）
	《加拿大政府元数据选择与执行标准》（Selecting and Implementing a Metadata Standard for the Government of Canada，2001）
英国	《1998 年数据保护法颁布后的档案工作者与文件管理者实践规范》（Code of Practice for Archivists and Records Managers Under Section 51（4）of the Data Protection Act 1998，2007）
	《关于国家文件和档案的立法：改变文件和档案管理现行立法规定的建议》（Proposed National Records and Archives Legislation：Proposals to Change the Current Legislative Provision for Records Management and Archives，Consultation Paper，2003）
	《信息自由法影响下的文件管理实践规范》（Code of practice on the management of records，2003）
	《信息自由法影响下的文件管理法案》（Access to Official Information, Records Management Code Under Section 46，2004）
	《信息自由法》（Freedom of Information Act）2000，（Scotland 2002）
	《电子政府政策框架内的电子文件管理》（E-Government Policy Framework for Electronic Records Management，2001）
	《数据保护法 1998：文件管理者和档案工作者指南》（Data Protection Act 1998- A Guide for Records Managers and Archivists，2000）
	《关于档案的政府政策》（Government Policy on Archives，1999）
	《政府现代化白皮书》（Modernising Government，1999 ）
	《数据保护法》（Data Protection Act，1998 ）
	《公共文件法》（The Public Records Act，1958）
	《公共文件法》（Public Record Office Acts，1838）
	《文件管理：第四部分：如何与 BS ISO15489-1 标准相匹配》，（Records Management Part 4：How to Comply with BS ISO 15489-1，2006）
	《可持续电子信息利用管理需求》（Requirements to Sustain Electronic Information Over Time，2005）
	《文件保管部门标准（第一版，2004）》《Standard for Record Repositories（First Edition，2004）》
	《BS ISO 15489-1 有效的文件管理与绩效管理》（Effective Records Management Performance Management for BS ISO 15489-1，2003）
	《BS ISO 15489.1-2001 信息与文件——文件管理——第一部分：总则》（BS ISO 15489.1-2001 Information and Documentation—Records Management—Part One：General）

续前表

	法律、法规、政策、标准等
英 国	《电子文件信息法律可采性行动规则》（BS，DISC PD0008：1999 Code of Practice for Legal Admissibility and Evidential Weight of Information Stored Electronically，1999）
	《BS 4783-1：1988 用于数据处理与信息存储的载体保存、运送和维护——对磁盘堆、存储模块和盒式磁盘的建议》（BS 4783-1：1988 Storage，Transportation and Maintenance of Media for Use in Data Processing and Information Storage.Recommendations for Disk Packs，Storage Modules and Disk Cartridges）
	《公务类电子邮件管理政策制定指南》（Guidelines on Developing a Policy for Managing Email，2004）
	《基于电子文件管理的效益实现指南》（Guidelines on the Realization of Benefits from Electronic Records Management，2004）
	《政府组织机构万维网资源管理》（Managing Web Resources，2001）
	《电子文件管理——战略方案框架及其制定》（Electronic Record Management—Framework for Strategic Planning and Implementation，2001）
	《电子文件管理系统功能需求——第一部分：功能需求》（Requirements for Electronic Records Management Systems 1：Functional Requirements，2002）
	《电子文件管理系统功能需求——第二部分：元数据标准》（Requirements for Electronic Records Management Systems 2：Metadata Standard，2002）
	《电子文件管理系统功能需求——第三部分：引用文件》（Requirements for Electronic Records Management Systems 3：Reference Document，2002）
	《电子文件管理系统功能需求——第四部分：实施指南》（Requirements for Electronic Records Management Systems 4：Implementation Guidance，2004）
	《政府组织机构基于事务处理的电子文件分类方案设计指南》（Business Classification Scheme Design，2001）
	《政府组织机构电子文件目录编制指南：标准集》（Guidance for An inventory of Electronic Record Collections：A toolkit，2000）
	《评估信息资产：政府组织机构电子文件的鉴定》（Evaluating Information Assets：Appraising the Inventory of Electronic Records，2000）
	《局域网中使用 Office 97 管理公务类电子文件实施指南》（Good Practice in Managing Electronic Documents Using Office 97 on a Local Area Network，2000）

续前表

法律、法规、政策、标准等	
英国	《政府组织机构电子文件可持续管理指南》（Sustainable Electronic Record，2000）
	《政府组织机构电子文件管理政策的制定指南》（Corporate Policy on Electronic Records，2000）
	《管理、鉴定和保存公务类电子文件——第一部分：原则》（Management，Appraisal and Preservation of Electronic Records—Vol1：Principles，1999）
	《管理、鉴定和保存公务类电子文件——第二部分：程序》（Management，Appraisal and Preservation of Electronic Records—Vol2：Procedures，1999）
	《遵循文件管理标准：评估指南与方法》（Complying with the Records Management Code：Evaluation Workbook and Methodology，2006）
	《文件鉴定政策》（Appraisal Policy，2004）
	《RMS 4.1 非现行文件与移交功能》（RMS 4.1 Discontinued and Transferred Functions，2001）
	《RMS 3.2 业务恢复方案》（RMS 3.2 Business Recovery Plans，2001）
	《RMS 3.1 半现行文件的保存》（RMS 3.1 Storage of Semi-Current Records，1999）
	《RMS 2.2 文件工作记录》（RMS 2.2 Documentation of Records Work，2001）
	《信息资产登记》（Information Asset Register，2000）
	《RMS 2.1 文件跟踪》（RMS 2.1 Tracking Records，1998）
	《RMS 1.1 文件创建》（RMS 1.1 File Creation，1998）
澳大利亚	《电子贸易法》（Electronic Transaction Act，1999）
	《证据法》（Commonwealth Evidence Act，1995）
	《个人及其隐私信息保护法》（Privacy Act，1988）
	《档案法》（Archives Act，1983）
	《信息自由法》（Freedom of Information Act，1982）
	《AS ISO 19005.1-2006 文件管理——电子文件长久保存文档格式——第1部分：PDF1.4 版的使用（PDF/A-1）》（ISO 19005.1-2006 Document Management — Electronic Document File Format for Long-term Preservation — Part 1：Use of PDF 1.4 (PDF/A-1)）
	《AS ISO 22310-2006 信息与文件——用于标准中表述文件管理需求的标准起草者指南》（AS ISO 22310-2006 Information and Documentation — Guidelines for Standards Drafters for Stating Records Management Requirements in Standards）

续前表

法律、法规、政策、标准等	
澳大利亚	《AS ISO 18492-2006 基于电子文件信息的长久保存》（AS ISO 18492-2006 Long-term Preservation of Electronic Document-based Information）
	《AS ISO 15801-2006：电子图像信息电子化存储的可信性和可靠性建议》（AS ISO 15081-2006 Electronic Imaging-Information Stored Electronically-Recommendations for Trustworthiness and Reliability）
	《AS ISO 23081.1-2006 信息与文件——文件管理处置——文件元数据——第一部分：原则》（AS ISO 23081.1-2006 Information and Documentation—Records Management Processes — Metadata for Records — Part 1：Principles）
	《AS 5090-2003 文件保存工作流程分析》（AS 5090-2003 Work Process Analysis for Recordkeeping）
	《AS ISO 5044.1-2002 澳大利亚政府定位服务元数据元素集——参考描述》（AS ISO 5044.1-2002 AGLS Metadata Element Set-Reference Description）
	《AS ISO 15489.1-2002，文件管理——第一部分：总则》（AS ISO 15489.1-2002，Records Management-Part1：General）
	《AS ISO 15489.1-2002，文件管理——第二部分：指南》（AS ISO 15489.2-2002，Records Management-Part2：Guidelines）
	《数字文件保护政策》（Digital Records Preservation Policy，NSW Department of Commerce，2007）
	《包括电子文件管理的文件管理绩效审计》（Audit Report No.6 2006-07 Performance Audit，Recordkeeping Including the Management of Electronic Records，2006）
	《澳大利亚政府执行手册：澳大利亚政府定位服务元数据》（Australian Government Implementation Manual：AGLS Metadata，2006）
	《电子文件管理系统软件功能规范》，澳大利亚国家档案馆（Functional Specifications for Electronic Records Management Systems Software，2006）
	《澳大利亚政府电子邮件元数据标准》（Australian Government E-mail Metadata Standard，2005）作为证据的文件（Records in Evidence，1998，2005）
	《数字化保存——RFC2004/2 电子邮件文件格式》（Digital Preservation—RFC2004/2 Email Document Format，2004）
	《澳大利亚数字文件保管动议》（Australian Digital Recordkeeping Initiatives（ADRI），2004）

续前表

	法律、法规、政策、标准等
澳大利亚	《文件保管系统设计和执行手册：事务信息管理的战略标准》（The DIRKS Manual：A Strategic Approach to Managing Business Information，2001，2003）
	《数字化保存——RFC2003/6JPGE 文件格式》（Digital Preservation—RFC2003/6 JPEG Document Format，2003）
	《文件复制、转化和迁移处置规定》（General Disposal Authority. For Sources Records that have been copied, converted and migrated，2003）
	《澳大利亚联邦机构文件保管元数据标准》（Recordkeeping Metadata Standard for Commonwealth Agencies，1999）
新西兰	《公共文件法指南》（A Guide to the Public Records Act，2006）
	《新西兰公共文件法》（New Zealand Public Records Act，2005）
	电子文件政策（Electronic Records Policy，1997）
	地方政府文件法（Local Government Records Act 1974）
	档案法（Archives Act，1957）
	《档案数字化标准》（Digitalization Standard，2006）
	《电子文件管理系统功能需求》（Electronic Recordkeeping Systems Standards，2005）
	《新西兰政府电子文件管理政策》（Electronic Records：a Version and Policy for New Zealand Government Sector，2002）
	《文件管理问题的 IT 解决方案》（What to Consider Prior to IT Solution to a Recordkeeping Problem，2003，2006）
	《文件管理政策制定指南》（a Guide to Developing a Recordkeeping Policy，2003，2006）
	《执行主管和高级管理者文件管理需知》（Recordkeeping Essentials for Chief Executives and Senior Managers，2003，2006）
	《文件管理框架》（Recordkeeping Framework，2000）
	《利用标准》（Access Standard，2001，2006）
	《存储标准》（Storage Stanard，2000）
	《鉴定标准》（Appraisal Standard，1998）
韩国	《电子商务基本法》（2002，2007）
	《公共文件管理法》（2006）
	《事务管理规定》（2005）
	《办公管理规定》（1999，2007）
	《电子贸易基本法》（2002）
	《电子政府法》（2001）
	《电子签名法》（1999，2005），KSX ISO 15489：2003（2003）

续前表

	法律、法规、政策、标准等
欧盟	《电子商务指令》（E-commerce Directive，2000）
	《电子商务指令实施细则》（E-commerce Directive Regulations，2002）
	《电子签名指令》（Electronic Signatures Directive，1999）
	《电子文件管理通用需求》（MoReq，1999）
	《电子文件管理通用需求第 2 版范围报告》（MoReq 2 Scoping Report，2002）
	《数字欧洲动议》（e-Europe Initiatives，2002，2005）
德国	《电子政府手册》（e-Government Manual，2004）
	《电子业务活动过程中的文件管理与电子归档》（Document Management and Electronic Archiving in Electronic Courses of Business，DOMEA 2.0，2005）
	《联邦档案文件保管与使用法》（Preservation and Use of Federal Archival Documents，2005）
	《电子政府手册》（e-Government Manual，Version2，2004）
	《文件交换开放标准》（Open Standard for Document Exchange，2002）
	《迁移指南》（Migration Guide 2nd Version，2005）
	《德国联邦政府信息技术使用经济效益评估建议》（WiBe 4.0，2004）（Recommendations Economic Efficiency Assessments in the German Federal Administration，in Particular with Regard to the Use of Information Technology）
	《电子政府应用软件标准和基础架构》（Standards and Architectures for e-Government Applications Version 3.0，SAGA，2006）
荷兰	《档案法》（Archives Act，1995）
	《电子签名法》（Electronic Signatures Act，2003）
	《荷兰公共管理部门文件管理软件细则》（ReMANO（Software Specifications for RMA for Dutch Public Administration））《核心模型——DM、RM 和 WfM 系统细则》（Core Model：Specifications for DM，RM，WfM-system，2004）
	《档案整理和利用规则》（Regulation on the Arrangement and Accessibility of Records，2002）
	《开放政府法案》（WOB（Open Government）Act，1998）
	《个人数据保护法》（Personal Data Protection Act，2000）
	NEN 2082《文件管理软件功能标准》（2007）
	NEN-ISO 15489（2001）

续前表

	法律、法规、政策、标准等
丹 麦	《档案法》（Archives Act（1992 制定，1997、2000 修订））
	《国家政府部门电子立卷通告》（Circular on Electronic Filing with National Authorities，1996）
	《公共政府案卷利用法》（Act on Access to Public Administration Files，1985）
	《个人数据处理法》（Act on Processing of Personal Data，2000）
	《电子签名法》（Act on Electronic Signature，2000）
	《公共部门信息再利用法》（Act on the Re-use of Public Sector Information，2005）
瑞 典	《新闻自由法》（Freedom of the Press Act，1949，Incorprates Freedom of Information，1766）（Made by Swedish Parliament）
	《保密法》（Secrecy Act，1980）（Made by Swedish Parliament）
	《档案法令》（Archival Ordinance，1991，（The first Archival Ordinance in Sweden was made 1618 and has a historical value but it's not in force now. The new Archival Ordinance which is in force was made by Swedish Government 1991））
	《档案法》（Archives Act，1990）（Made by Swedish Parliament）
	《瑞典国家档案馆档案管理规定及细则》（SNA Regulations and General Advice，1991）
	《瑞典国家档案馆关于郡/地区和城市文件处置的建议》（General Recommendations of the National Archives Concerning the Disposal of Certain Records Stored by Counties and Municipalities，Directive no. 1997：8，国家档案馆制定）
	《瑞典国家档案馆关于自动化数据移交国家档案馆的规定和建议》（RA _ FS 1997：7 Swedish National Archives Regulations and Recommendations Concerning Delivery of Records from Automatic Data Processing（EPD-recordings）to the National Archives，Today RA-FS2003 and RA-FS 2003：1）
	《瑞典国家档案馆关于自动化数据移交国家档案馆的规定和建议》（RA-FS 1994：2 Swedish National Archives Regulations and Recommendations Concerning Recordings from Automatic Data Processing（EPD-recordings），Today RA-FS2003：2，国家档案馆制定）
	《ISO 15489-1》国家标准（2001）（All these standards have not been implemented yet nationally in Sweden. But they should be.）
	《ISO 15489-2》国家标准（2001）
	《ISO 23081-1》国家标准（2006）
	《ISO 23081-2》国家标准（2007）（Not come out yet.）
	《文件管理过程分析分类方案》（草案）（2007）

续前表

	法律、法规、政策、标准等
挪威	《档案法》（Archival Act，1992）
	《挪威公共管理机构电子文件管理系统功能需求》第 4 版（the No-ark Standard，Version 4，1999）
	《电子文件档案馆移交暂行规定》（Provisions Concerning Electronic Records Material to be Transferred to the Archives，2004）
	《事件文档的电子归档暂行规定》（Provisions Concerning Electronic Filing of Case Documents，2002）
芬兰	《档案法》（Archival Act，1994）
	《公共领域的电子服务与交流》（Electronic Services and Communication in the Public Sector，1999，2003）
	《国家档案馆服务的国际评估》（International Evaluation of National Archives Services，2006）
	《电子文件保护规范》（Norm on the Preservation of Electronic Records，2006）
	《国家档案馆服务 2010 战略规划》（Strategy of the National Archives Service，2006）
日本	《公共档案馆法》（Public Archives Laws，1987）
	《信息公开法》（Law Concerning Access to Information Held by Administrative Organs（excerpted），1999）
	《个人信息保护法》（Personal Data Protection Law，2003）
	《高速信息通信网络社会形成基本法》（Basic Law on the Formation of an Advanced Information and Telecommunication Network Society，2000）
	《电子签名及认证服务法》（Law Concerning Electronic Signatures and Certification Service，2001）
	《国家档案馆法》（National Archives Law，1999）
	《JISC0902-1：2005 - 信息与文献——文件管理》（JISC 0902-1：2005 Information and Documentation-records Management-Part 1：General，2005）
法国	《国家档案馆条例》（1790）
	《关于成立行政区档案馆的法令》（1790）
	《法兰西共和历二年穑月七日档案法》（1794）

续前表

	法律、法规、政策、标准等
法国	《法国国家档案馆和省档案馆文件开放利用法令》（1970）
	《关于数据处理、数据文件和个人自由的 78-17 号法令》（1978）
	《行政公文获取权的法律》（1978）
	《法国自由、档案、信息法》（1978）
	《法国市镇档案法》（1979）
	《法兰西共和国档案法》（1979）
	《公共文件的服务能力与管理者之间公共文件的收集、保护和交流》（1979）
	《在个人性质数据自动处理方面保护个人的公约》（1981）
	《关于密码设备和提供服务由许可改为提前申报的决定》（1999）
	《关于密码设备和提供服务免除一切手续的决定》（1999）
	《执行民法 1316-4 条有关电子签名的法令》（2001）
	《证书操作规则》（2001）
	《ISO14721-OAIS》（2003）
	《NFZ42-014 数字信息和文件远程利用、因特网及内联网保护指南》（2002）
	AAF-ADBS《ISO15489 法国本土化应用》（2005）
新加坡	《电子交易法》（Electronic Transaction Act，1998）
	《新加坡信息传播发展授权法》 （Info-Communications Development，1999）
	《证据法》（Evidence Act，1893）
	《认证的安全条例》 （Security Guidelines for Certification Authorities，2000，2003）
	《信息安全的实践规范》（BS 7799，2003）
	《网络信息资源评估标准》（Criteria for Evaluating Internet Information Resources，1997）
	《信息资源评估》（Evaluation of Information Sources，2007）
	《个人数据保护》（Personal Data Protect，2002）
	《新加坡作为公务文件的电子邮件管理：案例研究》（Management of e-Mails as Official Records in Singapore：a Case Study，2005）

附表 2—2　　国外相关法律、法规、政策和标准中电子文件管理的目标与
角色定位调查分析

	为什么管	管什么	如何管	由谁管
美国	提高行政效率的需要，法律取证的需要	政府业务活动过程中产生的文件	设立电子文件管理机构（如联邦政府文件中心），制定法律、管理流程、管理规则（GRS）。《联邦文件法》授权联邦总务署在国家档案与文件局下设置联邦文件中心，负责暂时保存全美联邦政府机关、联邦法院、国会、军队和其他国家机关的非现行文件。《文件处置法》授权国家档案馆在文件运转结束后制定处理计划，政府机关应当根据国家档案馆的要求，按一定标准和规定处理文件。至此，政府档案部门同时行使对政府机关档案事业行政管理与档案实体保管利用两种职能的管理体制开始被确立下来	联邦管理与预算局（Office of Management and Budget，OMB）下成立信息与规章事务办公室；在关键的美国政府部门或机构设置"高级文书削减和信息管理官员"，授权每个政府部门委派一名相当于部长助理的官员担任；国家档案与文件管理署辅助联邦机构文件与记录国家研究委员会管理，从更高层次上负责本部门信息资源的管理、开发和利用等项工作
加拿大	作为国家信息资源和资产管理	与管理相关的：包括治理与职责、管理功能、资格与培训、计划/服务交付、技术考虑及信息、质量等方面的内容。与信息生命周期相关的：包括信息的规划、收集、创建、接收、获取、组织、使用、传播、维护、保护与处置等过程中的标准与指导原则	1. 政府信息管理政策框架及各种标准和指南 基础层包括政府信息管理的范围、前景、目标和原则，以及相关的法律政策等。 标准与指导原则层分为：与管理相关的，与信息生命周期相关的，与法律政策要求相关的内容。 信息管理指南层是面向特定信息管理任务和人员的一系列指南。 2. 信息管理政策 实现高效的信息管理以支持正确决策；保证政府的便利性、问责性、透明度和协作性；保证信息和文件的访问与利用	加拿大财政秘书处（TBS）下设信息主管部负责加拿大政府的信息管理、信息技术与服务。2000 年 9 月建立了信息管理政策室帮助加拿大秘书处财政委员会改进加拿大政府的信息管理

续前表

	为什么管	管什么	如何管	由谁管
加拿大		与法律政策要求相关的：包括信息存取、隐私与保密、知识产权、信息安全、官方语言及通信等方面的内容		
英国	有价值的机构信息资源与资产，法律认可与证据力，法律支持责任，国家记忆与文化遗产	公共文件法案、信息自由法案和相关的实践规范、数据保护法案、人权法案、电子通信法案、相关的欧洲指导（European directives）、跨政府的信息标准	当前政府机构内缺乏基础设施进行电子文件管理，因此，需要通过如下三条途径发展基础设施：随着电子文件管理设施和程序的发展和实施，将其与新的电子政府系统和事务过程整合，并且当它们具有可操作性时，确保在受控的电子文件管理系统中电子文件被捕获并能够有效利用；控制政府机构的当前形势（电子信息通常丢失或以非结构化、非联合的方式存在），这样随着电子文件管理基础设施的发展，就能够鉴别、评价并整合其内部具有持续价值的、现存的电子公文；在政府机构内实施电子系统管理电子公文和文件，这样才能使它们在保持真实性和完整性的情况下被利用、维护和检索，并且使电子系统和残存的纸质文件保管系统协调。建立这样的基础设施要将电子政府战略的如下几个方面做好，才能使文件管理和信息管理相协调：政策和战略问题，以支持部门内和部门间的整合战略和规划；信息政策问题，真实性和真实知识的保留、保密，信息共享、信息的开放和信息自由；新的信息技术系统和网络发展中的系统设计问题；操作上的互动性（interoperability）问题，包括通过元数据标准对文件利用和著录，以及能够提出集成的资源发现和信息检索系统	英国国家档案馆馆长牵头成立了一个由各政府主要机关信息技术部门负责人参加的领导小组，并下设工作小组负责电子文件管理项目的具体实施

续前表

	为什么管	管什么	如何管	由谁管
英国			在产生和著录电子信息时，适用于各种类型的用户和文件管理人员的技术和竞争力的发展	
澳大利亚	为政府提供数字解决方案服务；提供具有永久性价值的电子文件的无缝移交、安全保存与在线利用；强调系统互操作性和可延伸性，变革管理，持续的市场支持和有针对性的数字移交	管理机构和档案馆的数字文件	为电子文件的管理建立了文件与信息战略管理指南（e-Permanence），e-Permanence由一系列综合政策、规范、指南和培训构成，采用事务分析、风险分析、责任要求分析、系统分析等事务支持的分析方法，为高效和基于证据的责任性公共管理提供一整套将信息管理与业务活动集成的管理工具和信息建构工具，提供业务信息管理、信息控制与检索、在线服务和文件处置等管理指南。提供数字文件描述规范、数据保存格式要求、数字档案馆真实性保证规范、数字文件的来源与真实性维护、机构间及机构向档案馆移交文件的规范、资源发现元数据集、检索辞典，以建立和不断完善文件与信息管理的功能要求	建立了数字文件形成与管理的数字联盟，提供电子文件的保存与移交及利用的框架、战略方针，提供数字文件管理元数据规范、文件系统设计与实施方法论等
新西兰	通过好的文件管理提高政府机构的责任，提高公众对政府机构文件完整性的信任，促进历史和文化遗产的保存，是国家档案馆和档案工作者的责任	文件形成与管理；公共文件处置与保护	文件形成与维护要求；档案处置与利用要求；文件管理责任及一致性框架	公共机构（public offices）；国家档案馆；责任档案工作者（chief archivist）
韩国	体现公共机关的透明和对行政的负责任，保证公共文件的安全保管与有效利用。	公共机关和文件管理机关的领导要为实现文件的电子化生产和管理谋划必要的措施，对于非电	国民便利为中心的原则；业务革新先行的原则；电子化处理的原则；行政信息公开的原则；行政机关确认的原则。行政信息共同使用的原则；个人信息保护的原则；防止软件重复开发的原则；防止重复投资的原则；技	EBK的标准化分科委员会；项目经理、项目成员；中央文档管理机关；永久文件管理机关、文件馆和特殊文件馆

续前表

	为什么管	管什么	如何管	由谁管
韩国	电子书格式种类多样，为各企业使用的格式也不同，导致电子书的交换困难和企业间的重复投资。在信息系统构造项目的进行中，高效高质地管理各技能级别、各阶段级别的各种样式的包括电子版在内的文件	子形态生产的文件，则要为实现电子化的管理而努力。电子公文的成立、电子文件的电子收/发、行政电子签名认证、电子公文的标准化、纸类文件的减少。电子文件的管理以及非电子文件的电子化管理	术开发及运营外包的原则	
欧盟	促进欧洲数字化进程，加快电子商务、电子政务的发展；保证欧盟的每个公民都能够合法利用到电子文件信息，以及共享欧洲的数字文化遗产	各类电子文件的传递、管理和长久保管；非电子文件的数字化，主要是针对实体性的文化遗产	与电子文件管理相关的：由欧盟委员会支持的DLM论坛制定了《电子文件管理通用需求》，目前处于修订当中。与电子文件长期保管相关的：（1）电子资源保管和利用网络（the Electronic Resource Preservation and Access Network，ERPANET），该网络作为虚拟的知识库，侧重于研究文化遗产和科学数字信息的保管问题。（2）数字资源长期存储专题网络（Network of Expertise in Long-term Storage of Digital Resources，NESTOR），该项目专门面向德国数字信息资源的长期存储问题，存储电子文件的目标不是为了单纯的保管，而是根据利用者的需求长期提供电子文件利用服务	主要由欧盟委员会负责。从20世纪90年代起，欧盟（EU）开始担心美国在信息技术、因特网和电子商务方面的竞争优势会将欧洲永远甩在后面。欧盟政策制定者注意到美国联邦政府在发展因特网的过程中所扮演的战略角色。他们建议欧洲政府采取与美国相似的方法积极推动电子政务和电子商务所需要的整个欧洲范围的基础设施建设。IDA是欧洲委员会的系列项目之一。IDA成立伊始专注于利用先进的信息通信技术支持欧盟成员国之间快速的电子信息交换，目标是为了加快欧洲共同体决策制定，便利内部市场运作，加速政策实施。目前，在电子商务和电子政务蓬勃发展的态势下，生成了大量

续前表

	为什么管	管什么	如何管	由谁管
欧盟				的电子文件。IDA 管理者认识到这个项目需要推动电子文件管理。1996 年,IDA 赞助第一届欧洲 DLM 论坛,这个论坛是为支持欧洲的电子政务、保护信息社会的长久记忆、为欧洲公民提供电子信息服务的。 此外,欧盟委员会还设有欧洲档案工作组(the European Archives Group,EAG)
德国	促进电子政府的发展,提高政府办公的效率,满足公民利用电子信息的需求。挽救并长期保管电子文件	联邦及各州政府部门在业务活动中生成的电子文件及非电子文件的管理,包括组织概念、增进模块和需求目录。 为联邦政府各部门提供一揽子的电子文件长期保管安全归档方案。 挽救和恢复东德遗留下来的机读文件	在 DOMEA 组织概念模型中将管理对象分为文件、文件集合和案卷三个层次,分别进行管理。在 DOMEA 的增进模块中,设计了:(1)虚拟邮件和文件管理系统(virtual mail room and records management systems);(2)操作应用程序整合(operational application integration);(3)扫描过程(scan processes);(4)内部/网络通信(inner/inter-authority communication);(5)电子文件的处置与归档(disposal and archiving of electronic records);(6)存档的技术问题(technical aspects of archiving)。 由于文件和工作流管理系统的实施应用将使工作流程发生很大的变化,因此,DOMEA 项目组建议联邦政府机构分三个阶段实施标准,一步一步落实电子文件管理战略:(1)注册系统;(2)电子文件;(3)工作流管理	联邦政府内政部(Bundesministerium des Innern)及其下设的联邦信息技术协调指导处(KBSt);联邦档案馆(Bundesarchiv);联邦物理与测量研究所(Federal Institute of Physics and Metrology,PTB)

续前表

	为什么管	管什么	如何管	由谁管
荷兰	保证电子文件的有效管理和长久保存	凡是与机构信息生成、管理、保管有关的都可以归入文件管理范畴，这里的信息包括电子文件和纸质文件。文件管理不仅是指软件系统，它还包括机构完善的信息政策，信息政策包括标准、文件管理程序、鉴定、软件、元数据等	采用 ISO 15489 作为国标，并吸纳了 MoReq、DoD 和 DIRKS 的做法。开展数字保管试点项目，针对不同类型的数字文件展开了一系列的实验，从而制定保管数字文件的最佳策略	国家档案馆主导。相关政府部门或机构配合
丹麦	保证电子文件的长期可读性和可用性	国家政府部门电子文件管理系统及其生成的电子文件格式。具有保存价值的电子文件 5 年后必须向档案馆移交，电子文件管理系统停止使用后也需要向档案馆移交。地方机构和私人企业可参照档案法的相关规定执行	通过《档案法》的规定确认了电子文件管理系统的报批程序、电子文件格式、移交期限和移交要求	国家档案馆
瑞典	保证电子文件的长期可读性和可用性	各类电子文件的形成和捕获、传递、长久保管和利用；非电子文件的数字化；电子文档系统与电子文件系统	参与相关 ISO、ICA 和欧盟国际标准制定和修订，直接应用和发展国际标准。通常制定通用文件管理规范，包括电子文件管理，也有少量专门针对电子文件的管理政策和规范	国家档案馆主导通用规范制定，业务机构 IT 人员、法律顾问、电子文件形成者、登记者、文件管理者和档案管理者共同负责

续前表

	为什么管	管什么	如何管	由谁管
挪威	保证电子文件属性及其受益	电子文件的形成、捕获、登记、长期保存、电子文件管理系统功能要求	《电子文件档案馆移交暂行规定》《事件文档的电子归档暂行规定》	国家档案馆
芬兰	保证电子服务与交流	电子记录必须按一定方式实施档案化管理,以便认证其原始性和完整性	《公共领域的电子服务与交流》第22条授权国家档案馆制定具体的电子服务与交流背景下的文件和档案的等级制度及指南。有关跨部门的技术兼容和信息安全问题由财政部提供指南和建议。但电子文件管理系统购买需要满足国家档案馆提供的有关规范要求、文件处置的专业能力要求,以及保护规划和服务要求	国家档案馆
日本	机构资产管理与信息法规要求	业务活动中形成的文件与信息	信息利用法规约束;ISO 15489规范要求;文件质量管理、培训改进与咨询服务,开放式职能化公共管理文件治理机制等	咨询服务机构及高校引导
法国	历史文化遗产保存、信息利用	数字文件管理规划	AAF-ADBS,2005 ISO 15489文件管理国际标准法国档案化实践	信息与文献协会和法国国家标准化委员会及国家档案馆、软件开发公司多方合作
新加坡	重要业务文件;机构知识资产	信息资源评估	文件管理方针与实施管理指南	国家档案馆信息资源管理;机构资产管理

附表 2—3　　　　　　国外相关法律、法规、政策和标准中电子文件管理
机制的特点调查分析

	控制力保障机制	证据力保障机制	服务力保障机制
美国	《ANSI/ARMA 8-2005 文件和信息保管期限管理（PDF）》（2005） 《政府文书削减法》（1998） 《文书削减法》（1980，1995） 《联邦文件法》（1950） 《文件处置法》（1943） 《联邦报告法》（1942）	《电子文件管理系统功能需求》（2002） 《电子文件档案馆功能需求》（2004） 《电子文件管理指南——机构功能需求决策方法》 《文件管理指南——PKI数字签名真实、安全迁移文件》（2005） 《文件管理指南——公共密钥架构特定管理文件》（2003）	《档案著录：内容标准》（2004） 《置标档案著录：置标标识集》（1999，2002） 《信息自由法》（1966，1974，1984，1986，1996） 《联邦登记法》（1936）
加拿大	《加拿大政府信息管理框架》（FMI）从多角度、多维度规划政府信息资源管理活动。保证了各部门、各机构之间的无间隙配合，保证了各项法律、法规的完善协调，保证了信息资源管理的协调一致	《个人信息保护与电子记录法》（2000），《加拿大证据法》（1985），《统一电子商务法》（1999），《统一电子证据法》（1998）。属于英美法系立法体例的加拿大，大胆突破传统证据规则在电子技术发展方面的局限，对其他国家的相关立法有较大的借鉴价值	《加拿大档案标准——档案著录规则》（2005） 《加拿大政府网络资源元数据执行指南》（2004） 《加拿大政府元数据选择与执行标准》（2001） 《信息利用法》由加拿大财政委员会于1985年颁布，其目的是保障公众获取政府信息的权利。它采用独立于政府机构的信息披露决定复审制度
英国	《评估信息资产：政府组织机构电子文件的鉴定》（2000） 《政府组织机构电子文件管理政策的制定指南》（2000） 《文件鉴定政策》（2004） 《电子政府政策框架内的电子文件管理》（2001） 《关于国家文件和档案的立法：改变文件和档案管理现行立法规定的建议》（2003） 《关于档案的政府政策》（1999） 《政府现代化白皮书》（1999）	《电子文件信息法律可采性行动规则》（1999） 《电子文件管理系统功能需求——第一部分：功能需求》（2002） 《电子文件管理系统功能需求——第二部分：元数据标准》（2002） 《电子文件管理系统功能需求——第三部分：引用文件》（2002） 《电子文件管理系统功能需求——第四部分：实施指南》（2004）	《文件管理：第四部分：如何与 BS ISO 15489-1 标准相匹配》（2006），《BS ISO 15489-1有效的文件管理与绩效管理》（2003） 《BS ISO 15489.1-2001 信息与文件——文件管理——第一部分：总则》 《遵循文件管理标准：评估指南与方法》（2006） 《基于电子文件管理的效益实施指南》（2004） 《政府组织机构万维网资源管理》（2001） 《信息自由法》（2000） 《信息自由法影响下的文件管理实践规范》（2003）

续前表

	控制力保障机制	证据力保障机制	服务力保障机制
英国	《公共文件法》(1958) 《公共文件法》(1838)		《1998 年数据保护法颁布后的档案工作者与文件管理者实践规范》(2007) 《数据保护法 1998：文件管理者和档案工作者指南》(2000) 《数据保护法》(1988)
澳大利亚	《AS ISO 19005.1-2006 文件管理——电子文件长久保存文档格式——第 1 部分：PDF1.4 版的使用（PDF/A-1）》 《AS ISO 22310-2006 信息与文件——用于标准中表述文件管理需求的标准起草者指南》 《数字文件保护政策》(2007) 《档案法》(1983)	《AS ISO 23081.1-2006 信息与文件——文件管理处置——文件元数据——第一部分：原则》 《AS 5090-2003 文件保存工作流程分析》 《AS ISO 18492-2006 基于电子文件信息的长久保存》 《AS ISO 15801-2006：电子图像信息电子化存储的可信性和可靠性建议》 《电子文件管理系统软件功能规范》(2006) 《文件复制、转化和迁移处置规定》(2003) 《澳大利亚联邦机构文件保管元数据标准》(1999) 作为证据的文件（Records in Evidence, 1998, 2005） 《电子贸易法》(1999) 《证据法》(1995)	《AS ISO 5044.1-2002 澳大利亚政府定位服务元数据元素集——参考描述》 《AS ISO 15489.1-2002，文件管理——第二部分：指南》 《AS ISO 15489.1-2002，文件管理——第一部分：总则》 《包括电子文件管理的文件管理绩效审计》(2006) 《澳大利亚政府执行手册：澳大利亚政府定位服务元数据》(2006) 《澳大利亚数字文件保管动议》(2004) 《个人及其隐私信息保护法》(1988) 《信息自由法》(1982)
新西兰	《公共文件法指南》(2006) 《文件管理框架》(2000) 《文件管理政策制定指南》(2003, 2006) 《电子文件政策》(1997) 《公共文件法》(2005) 取代《档案法》(1957) 《地方政府文件法》(1974)	《档案数字化标准》(2006) 《电子文件管理系统标准》(2005)	《ISO 15489-1》 《ISO 15489-2》 《公共文件法影响下的利用决策》(2003, 2005)
韩国	《公共文件管理法》(2006) 《事务管理规定》(2005) 《电子政府法》(2001) 《办公管理规定》(1999, 2007)	《电子商务基本法》(2002, 2007) 《电子贸易基本法》(2002) 《电子签名法》(1999, 2005)	DPCP _ PC _ 01 _ 01 _ 010 《KSX ISO 15489：2003 文件管理标准》

续前表

	控制力保障机制	证据力保障机制	服务力保障机制
欧盟	《数字欧洲动议》（2002，2005） 拟建立欧洲档案法律数据库	《电子商务指令》（2000） 《电子商务指令实施细则》（2002） 《电子签名指令》（1999） 《电子文件管理通用需求》（1999，2001）	
德国	《电子业务活动过程中的文件管理与电子归档》 《电子政府手册》（2004）	《电子签名法》（草案）	《联邦在线2005》
荷兰	《档案法》（1995） NEN-ISO 15489	《电子签名法》（2003）	《档案整理和利用规则》（2002） 《开放政府法案》（1998） 《个人数据保护法》（2000）
丹麦	《档案法》（2000）	《电子签名法》（2000）	《公共政府案卷利用法》（1985） 《个人数据处理法》（2000） 《公共部门信息再利用法》（2005）
瑞典	《档案法令》（1991） 《档案法》（1990） 《瑞典国家档案馆档案管理规定及细则》（1991）	《ISO15489》（2001） 《ISO23081-1》（2006） 《ISO23081-2》（2007）	《新闻自由法》（1766） 《保密法》（1980）
挪威	《档案法》（1992）	《挪威公共管理机构电子文件管理系统功能要求》（1999）	数字档案馆（digital archives digitalarkivet） 一站式一个检索入口档案资源共享平台及利用服务（2005）
芬兰	《档案法》（1994）	电子文件管理系统准入制 《电子文件保护规范》（2006）	《公共领域的电子服务与交流》（1999，2003）
日本	《国家档案馆法》（1999）	《电子签名及认证服务法》（2001） 《JISC 0902-1：2005-信息与文献——文件管理》	《信息公开法》（1999） 《个人信息保护法》（2003） 《高速信息通信网络社会形成基本法》（2000）
法国	《法国自由、档案、信息法》（1978） 《关于数据处理、数据文件和个人自由的78-17号法令》（1978） 《法兰西共和国档案法》（1979） 《在个人性质数据自动处理方面保护个人的公约》（1981）	《关于密码设备和提供服务由许可改为提前申报的决定》（1999） 《关于密码设备和提供服务免除一切手续的决定》（1999） 《证书操作规则》（2001） 《执行民法1316-4条有关电子签名的法令》（2001） 《ISO15489法国本土化应用》（2005）	《法国国家档案馆和省档案馆文件开发利用令》（1970） 《行政公文获取权的法律》（1978） 《公共文件的服务能力与管理者之间公共文件的收集、保护和交流》（1979）

续前表

	控制力保障机制	证据力保障机制	服务力保障机制
新加坡	《网络信息资源评估标准》（1997）	《证据法》（1893） 《电子交易法》（1998） 《认证的安全条例》（2000，2003） 《信息安全的实践规范》（2003）	《新加坡信息传播发展授权法》（1999）

附表 2—4　　国外相关法律、法规、政策和标准中电子文件管理模式的特点调查分析

	宏观（社会背景中的法律、法规、政策）——相关法律分析	中观（行业部门体系、隶属关系及系统）——文件档案政策规章分析	微观（专门化问题对策，业务规范及技术手段）——电子/数字文件管理业务标准分析
美国	联邦政府立法	联邦政府行政管理	纳入 IT 信息系统管理要求标准，ISO 15489 被相关文件管理国家标准引用
加拿大	政府立法	图书馆和档案馆信息一体化管理	纳入国家信息管理统一标准 纳入国家证据管理统一规章
英国	公共文件法	将电子文件管理融入部门的电子事务战略，通过集成的战略框架来管理信息	电子文件管理要求纳入电子文件生成与电子文件管理系统满足长久保存要求，ISO 15489 被采纳为国标
澳大利亚	档案法	事务活动管理及政府机构审计	电子事务管理方法论（DIRKS），ISO 15489 被采纳为国标，电子文件管理系统功能要求，电子政府系统功能要求
新西兰	公共文件管理法	公共机构责任审计（2010年开始（5-10））	纳入电子文件管理系统要求，ISO 15489 被采纳为国标
韩国	公共文件管理法	电子政府管理	纳入事务管理规定，ISO 15489 被采纳为国标
欧盟	欧盟委员会发布的统一或者协调欧盟成员国之间的动议	欧盟各成员国制定的电子文件管理相关制度	纳入电子政务、电子商务、文化遗产、电子民主等活动框架之中。MoReq 用于指导各国具体的电子文件管理活动
德国	电子政务立法	将电子文件管理融入电子政府的建设过程中，通过行政管理体系，推动电子文件管理的规范化和协调化	DOMEA 需求以及联邦政府共同适用的电子文件长期保管和安全归档解决方案

续前表

	宏观（社会背景中的法律、法规、政策）——相关法律分析	中观（行业部门体系、隶属关系及系统）——文件档案政策规章分析	微观（专门化问题对策，业务规范及技术手段）——电子/数字文件管理业务标准分析
荷兰	档案法	国家档案馆统一领导，关注政府电子文件长期保管问题	NEN-ISO 15489，参考了欧盟的MoReq需求和美国国防部的DoD 5015.2-STD以及澳大利亚的DIRKS，并进行数字保管试点（Digital Preservation Testbed）
丹麦	政府立法 档案法	一些具体的规章	《档案法》都有相关规定，如机构使用的电子文件管理系统必须事先告知国家档案馆，电子文件管理系统的技术必须符合日后电子文件移交和转换的标准
瑞典	政府立法 档案法	国家资产保护和资源共享公共机构问责制度；政府公共文件登记制度；信息安全一体化管理机制	文件登记制度中实施电子文件前端控制措施，如采用文件管理元数据规范，档案著录规范，档案鉴定与文件处置规划，OAIS参考模型等。研制电子文件档案，文件和档案集成化管理系统和智能化保护工具
挪威	档案法	事件文档归档制度	基于电子文件和数字文件的档案数据库建设
芬兰	档案法	聘请国际专家审计档案馆服务	网络化档案服务
日本	档案法	文件质量管理咨询服务	JISC 0902-1：2005 文件管理国际标准培训与咨询服务
法国	《法国自由、档案、信息法》（1978）	ISO 15489 本土化应用	EDRMS，OAIS
新加坡	证据法和信息立法	信息资源评估	集成化数字博物馆与档案信息系统建设

图书在版编目（CIP）数据

中国电子文件管理：问题与对策/冯惠玲，赵国俊等著．
北京：中国人民大学出版社，2009
（中国科学技术协会重点项目成果）
ISBN 978-7-300-11011-0

Ⅰ．中…
Ⅱ．冯…
Ⅲ．电子文件-档案管理-研究-中国
Ⅳ．G276

中国版本图书馆 CIP 数据核字（2009）第 128534 号

中国科学技术协会重点项目成果

中国电子文件管理：问题与对策

冯惠玲　赵国俊　等著

出版发行	中国人民大学出版社			
社　　址	北京中关村大街 31 号		邮政编码	100080
电　　话	010 - 62511242（总编室）		010 - 62511398（质管部）	
	010 - 82501766（邮购部）		010 - 62514148（门市部）	
	010 - 62515195（发行公司）		010 - 62515275（盗版举报）	
网　　址	http://www.crup.com.cn			
	http://www.ttrnet.com（人大教研网）			
经　　销	新华书店			
印　　刷	北京市易丰印刷有限责任公司			
规　　格	170 mm×240 mm　16 开本		版　　次	2009 年 8 月第 1 版
印　　张	11.25 插页 3		印　　次	2013 年 7 月第 2 次印刷
字　　数	160 000		定　　价	28.00 元